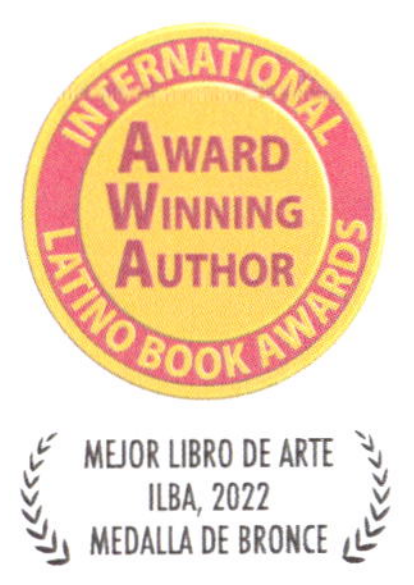

SOLENTINAME

Encuentro con un mito

Ana Cristina Henríquez

SOLENTINAME
Encuentro con un mito

Premios: ILBA 2022 / Mejor Libro de Arte (Medalla de Bronce)
Segunda edición de tapa dura, 2024 / ISBN: 979-8-9899410-0-1

Concepto, fotografía y texto: Ana Cristina Henríquez
Diseño y maquetación de la presente edición: Susana Illera Martínez
Corrección de textos: Taller Palabreros
Retrato de la autora: Carlos Calatayud Lloret
Especial agradecimiento a: Joaquín Marta Sosa, José Ramírez, Antolín
Sánchez, Elisa Arráiz Lucca, Elvira Sánchez-Blake, Ana Schein, Beatriz
Bermúdez Rothe.

Publicado en los Estados Unidos por la editorial Stella Darío.

Número de control de la Biblioteca del Congreso: **VA 2-327-926**

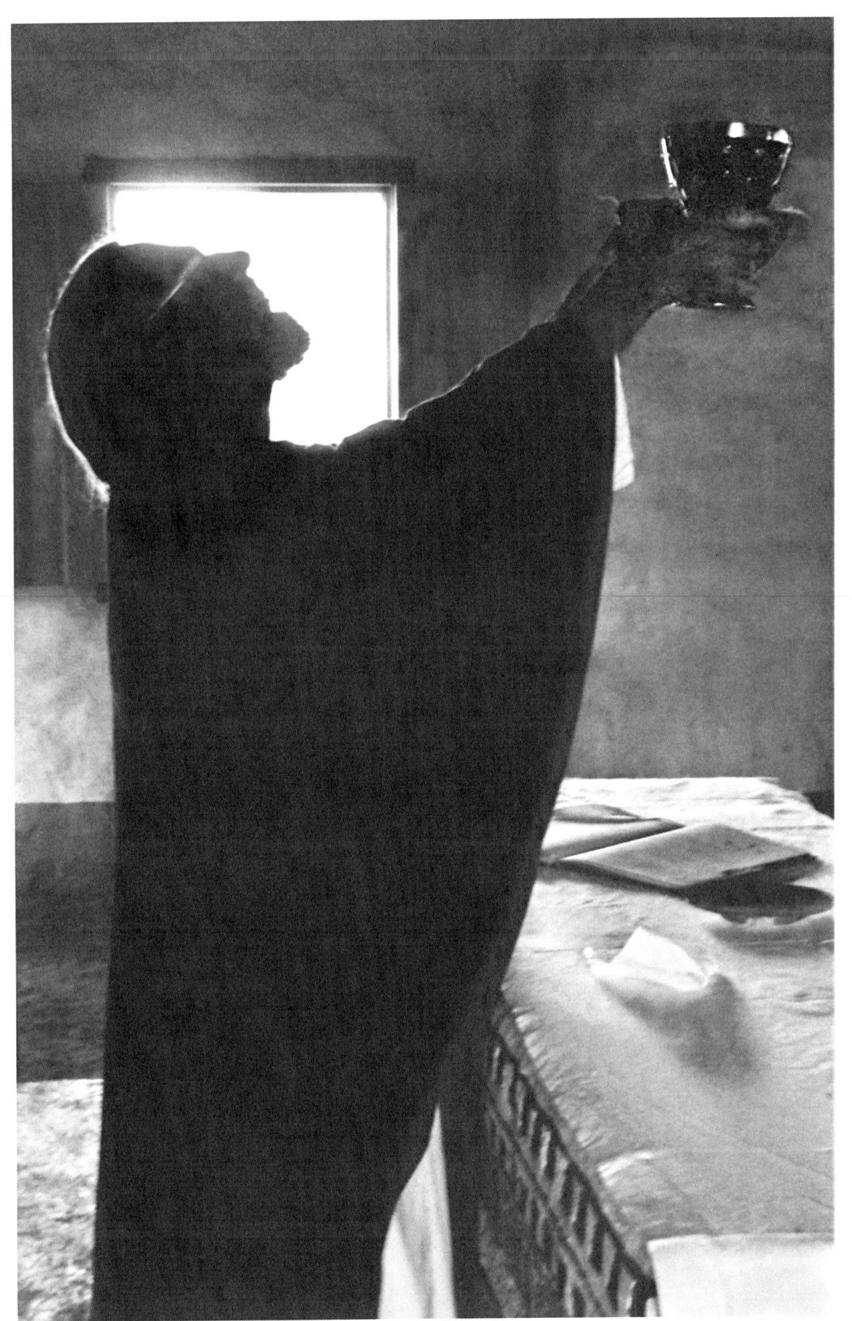

Latinoamérica

Corría el año 1973. Latinoamérica vivía tiempos convulsos. Los movimientos de izquierda se fortalecían, se creaban los primeros grupos de cristianos por el socialismo y se debatía la compatibilidad entre ellos y el marxismo; el tema de la democracia / revolución / militarismo tomaba prominencia como posible vía hacia la revolución. Fue el año en que se firmó la paz en Vietnam y murieron dos emblemas revolucionarios: Neruda y Picasso. Un período de mucha movilización política en el continente y de fuertes debates sobre el curso de la revolución cubana, luego de las esperanzas de alcanzar el socialismo por la vía electoral, el derrocamiento de Allende y la subsecuente tragedia chilena que movilizó a medio mundo.

En ese contexto, el controvertido sacerdote nicaragüense Ernesto Cardenal fue invitado a Venezuela gracias al patrocinio de grupos estudiantiles y profesorales de varias universidades. Durante su visita leyó poemas y conversó sobre cristianismo, socialismo, marxismo, revolución, su comunidad en Solentiname, teología de los pobres y de la liberación. Cardenal ya era un poeta muy reconocido, del grupo de los poetas comprometidos, revolucionarios que, al fundar la comunidad de Solentiname en 1966, abría las puertas al imaginario de una vida comunitaria, alternativa al capitalismo, solidaria con campesinos y pescadores.

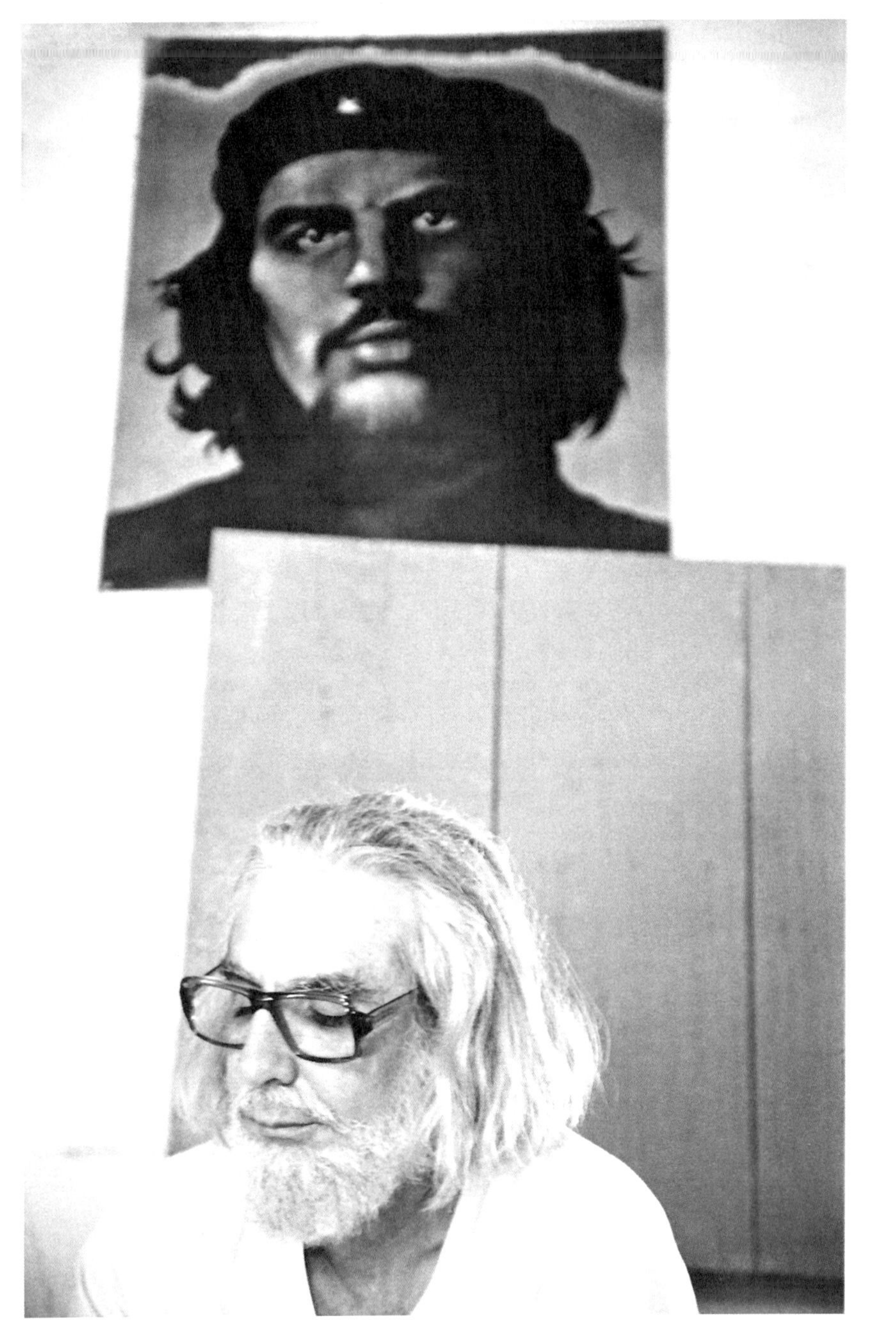

Cardenal había publicado, y se conocían en Venezuela, sus poemarios *Salmos y Oración por Marilyn Monroe*, así como su libro neo-místico *Vida en el amor* y, en especial, su narración del viaje que hizo a Cuba: *En Cuba*. De tal modo que se adscribía a la poesía comprometida versus la poesía interiorista, a la poesía social y política versus la poesía personal e individualista, un debate que llegó a ser muy intenso en la Venezuela de esa época.

En ese entonces, yo alternaba mis estudios de periodismo en la Universidad Católica Andrés Bello, en Caracas, trabajando como redactora y fotógrafa para una importante revista venezolana de circulación nacional. El periodismo se convertía para mí en una forma de vida. La presencia de Cardenal fue una buena oportunidad para ejercerlo: junto a mi colega y amigo, Carlos Edsel, publicamos en la revista *Momento* el reportaje *Diálogo con Cardenal*, el 11 de noviembre de 1973. Gracias a este reportaje, Cardenal aceptó mi propuesta de hacer un reportaje gráfico en la comunidad de Solentiname.

"¿Dónde queda eso?", preguntó mi madre cuando le comenté sobre mi viaje. "En el Gran Lago de Nicaragua", respondí de lo más segura, como si el archipiélago quedara a la vuelta de la esquina. "¿Y con quién vas?" "Sola..." Mi madre que siempre fue una mujer de mente amplia y, sabiendo que yo estaba decidida, me ayudó a convencer a mi padre. Le dijo que su hija, a pesar de su corta edad y de los peligros que corría, iba a realizar un reportaje en un remoto lugar: el archipiélago de Solentiname.

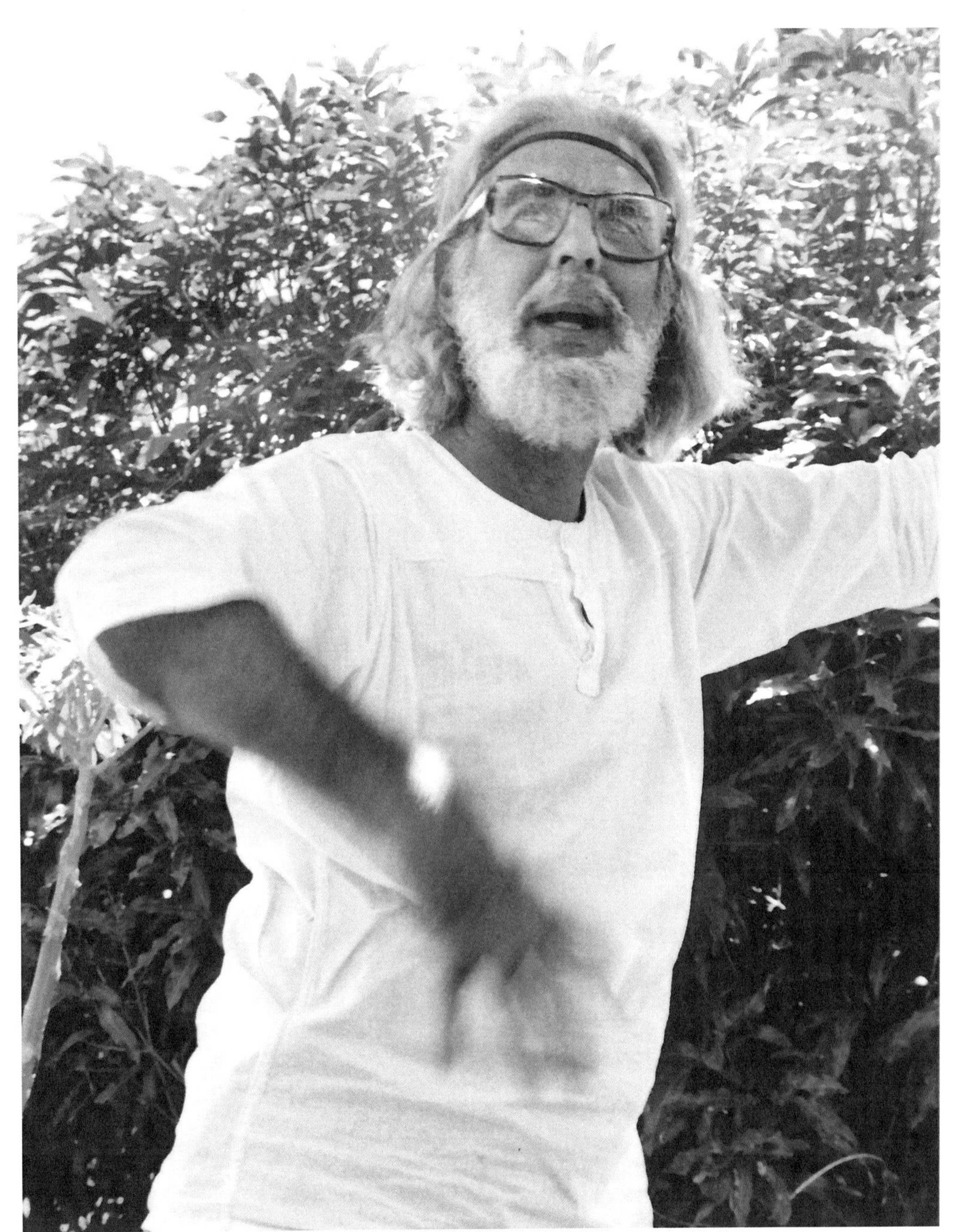

El viaje

Mi equipaje era sencillo: pantalones de mezclilla, franelas, chaqueta impermeable, traje de baño, botas, sandalias, gorra, toalla, un morral con mi cámara Nikon F, tres lentes fijos: 35mm, 50 mm y 105 mm, trípode, muchos rollos de película Kodak blanco y negro, grabador y varias libretas para tomar notas. Una pareja de amigos de Cardenal me facilitó los contactos, y ellos me aclararon que debía pasar por la frontera de Costa Rica a Nicaragua para llegar a Solentiname. Me esperaba una larga y complicada travesía. Esta información me la reservé para no preocupar a mis padres aún más de lo que ya estaban. Fue así como a comienzos de 1974 tomé un vuelo comercial de Caracas a San José de Costa Rica, lista para acometer uno de los trabajos periodísticos más importantes de mi vida.

En San José me alojé en la casa de unos amigos por una noche y al día siguiente salí en autobús para Ciudad Quesada. Durante el recorrido, de aproximadamente una hora, disfruté viendo la rica vegetación hasta llegar al impresionante y exuberante valle central de Costa Rica en la provincia de Alajuela. Esta pequeña ciudad, también conocida como San Carlos por los costarricenses, al suroeste del Volcán Arenal, cerca del Parque Nacional Juan Castro Blanco, está considerada como uno de los principales centros para la producción de carne y de productos lácteos de la región. Esa noche me quedé en una posada y apenas despuntó el día me levanté para no perder la avioneta que me llevaría a Los Chiles, situada a unos diez kilómetros de la orilla sureste del Lago de Nicaragua en su confluencia con el río San Juan.

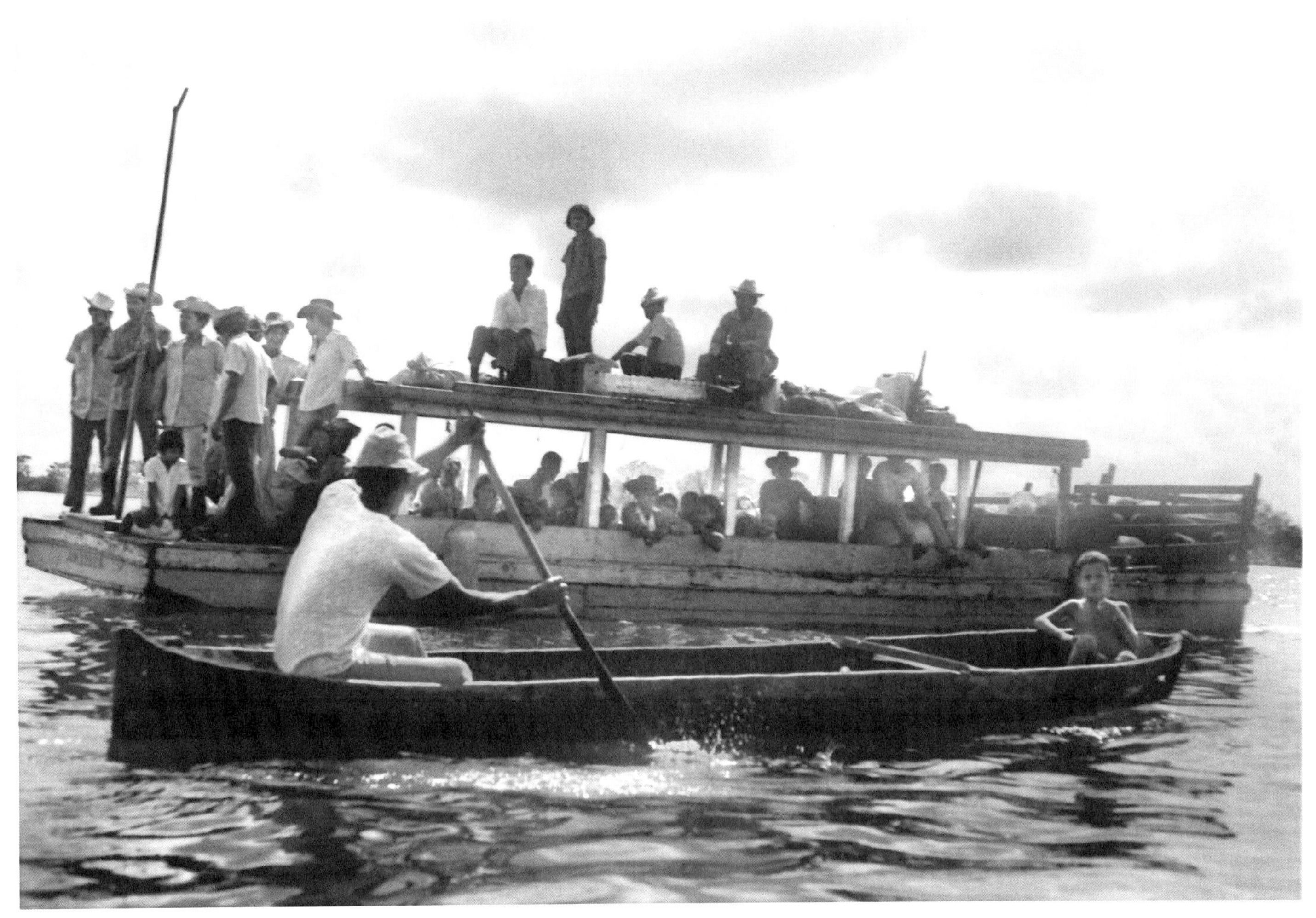

Parada frente a la posada, con mi morral a cuestas, le hice señas a un taxista. El chofer se detuvo, y extrañado, me preguntó si andaba sola. Asentí, y cuando le expliqué adonde me dirigía soltó un soberano regaño: "señorita, cómo se le ocurre andar sola, la pueden matar, violar, móntese en el auto que yo la acompaño hasta que salga la avioneta". Como si fuera mi padre, este señor, cuyo nombre lamentablemente no recuerdo, me acompañó hasta que llegó la avioneta y no dejó de decirme adiós hasta que nos perdimos entre las nubes rumbo a Los Chiles.

Como una gema, frente al río en la provincia de Alajuela, a solo tres kilómetros de la frontera entre Costa Rica y Nicaragua, me sorprendió la hermosa ciudad de Los Chiles. Dentro de un paisaje natural misterioso, en las márgenes del río El Frío, se podían observar una magnífica variedad de especies: caimanes, tortugas, tiburones de agua dulce y diversidad de monos como el aullador, araña y cariblanco o capuchino.

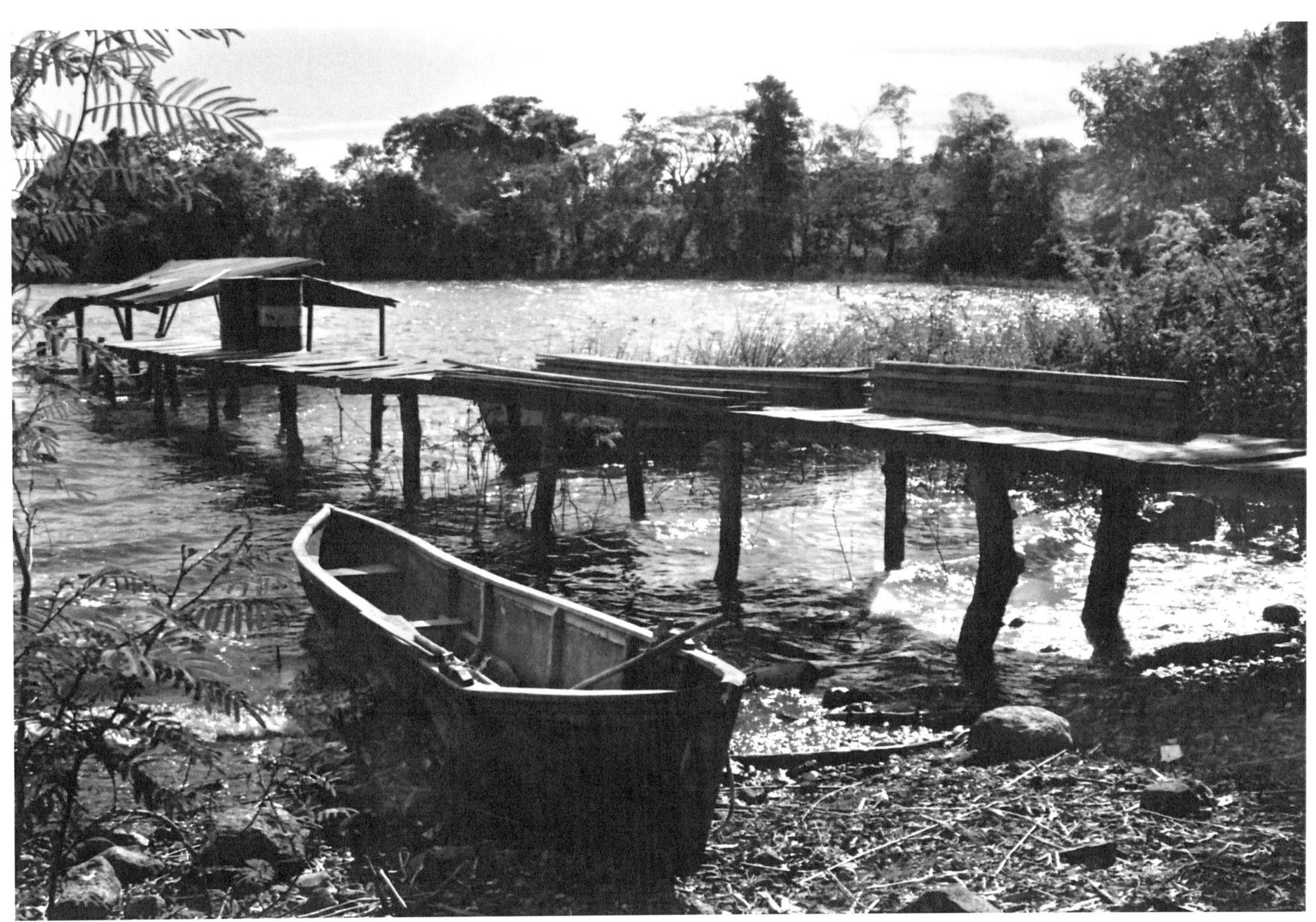

A pocos metros de la pista de aterrizaje me esperaba un señor a caballo, proveniente de la finca del reconocido poeta nicaragüense José Coronel Urtecho, quien traía otro caballo ensillado para mí. Me sentí una amazona. Juntos cabalgamos hasta *Las Brisas*, un rincón de la selva tropical en el lado costarricense del río San Juan donde el escritor vivía con su esposa. Estaba deseosa de conocer a este importante hombre de letras que, junto con Ernesto Cardenal y Pablo Antonio Cuadra, entre otros, había promovido la poesía contemporánea en Nicaragua introduciendo en ella el verso coloquial e incorporándola a los movimientos de vanguardia. De elegante figura y modales, Urtecho se levantó de la mecedora donde leía degustando su pipa y, sonriente, me dio la bienvenida. Maestro de Cardenal y de varias generaciones en Nicaragua era, además de poeta, ensayista, orador, dramaturgo, diplomático, traductor e historiador.

Luego de tomar una bebida refrescante, salimos al campo para conocer a su esposa, María Kautz, una dinámica alemana de fuerte contextura, que manejaba hábilmente un tractor. María me resultó encantadora por su trato directo y sincero. Vestía pantalones kaki, blusa blanca, sombrero de pajilla y sostenía un cigarro en la boca. Era conocida por saber de motores, conducir lanchas, inventar y fabricar, levantar cercas y por ser insigne cocinera. *Pequeña biografía de mi mujer* es uno de los muchos poemas en el que Urtecho dejó plasmado su amor y admiración por su compañera de vida. Ese día me presentaron a dos de los siete hijos que tuvieron. "Así es que me gustan las mujeres", comentó uno de ellos, encantado por mi presencia en esas tierras lejanas, y se puso a la orden para llevarme a Solentiname. Le agradecí el gesto, pero quise seguir por mi cuenta. El martes siguiente tomé la chalana que me llevaría rumbo a Solentiname atravesando el Gran Lago de Nicaragua.

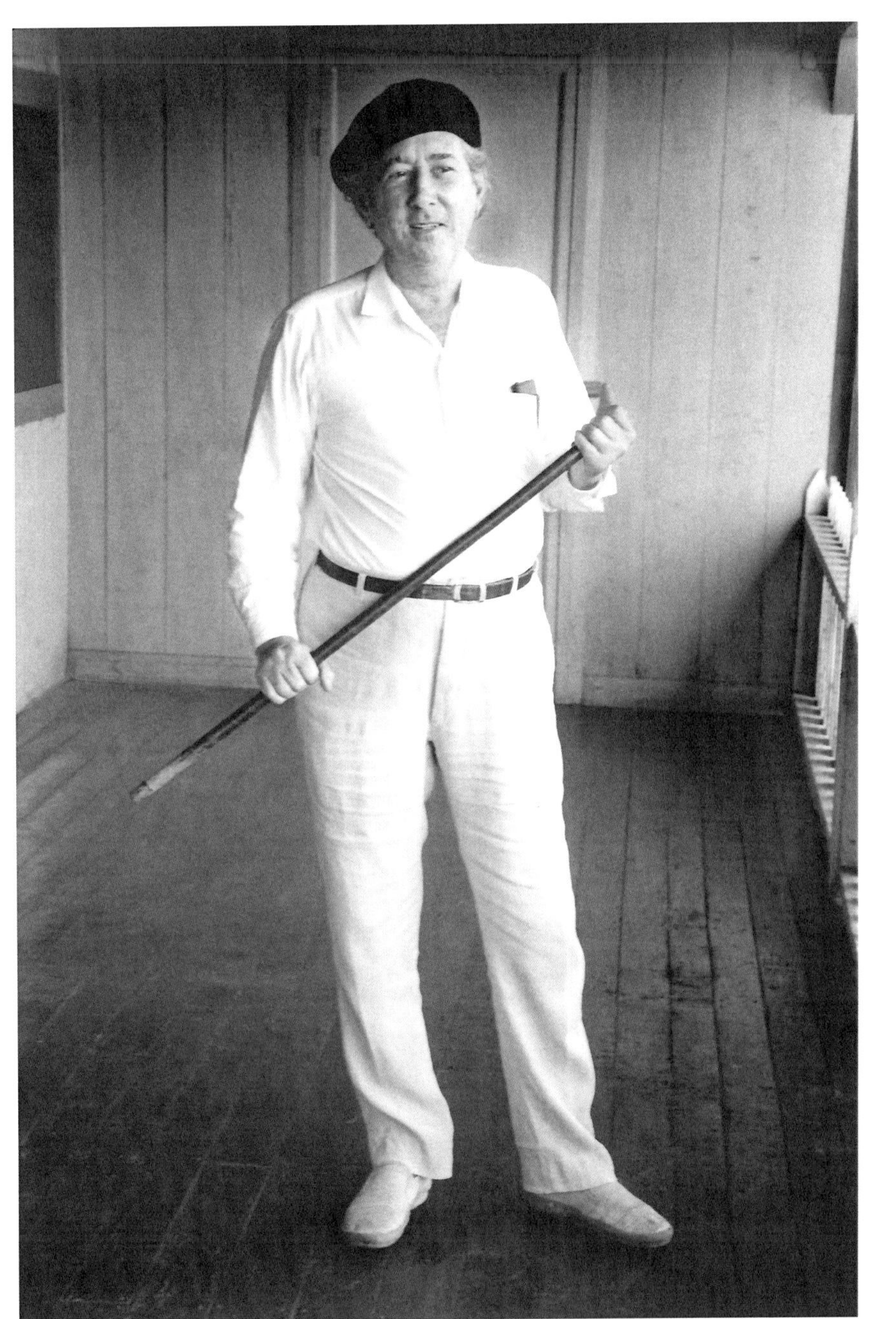

Un mar de agua dulce

No es de extrañar que los primeros conquistadores españoles pensaran que el Gran Lago de Nicaragua era un océano de agua dulce: olas muy grandes, solo agua en el horizonte y tormentas repentinas. Quedé maravillada con ese lago, uno de los más importantes de América Latina y el décimo en el continente americano, que cuenta con muchas islas hermosas y archipiélagos de isletas debido a una cadena volcánica que lo atraviesa. Ometepe, la isla más famosa, está formada por dos volcanes impresionantes. No muy lejos está Zapatera, la cual, al igual que Ometepe, fue un santuario indígena en la época precolombina; también están las isletas de Granada, cubiertas de palmas y de variedad de aves.

Una fuerte corriente de viento me sacó del ensimismamiento y de inmediato me puse la chaqueta impermeable. Alguien mencionó que a lo lejos vio un tiburón... "¿Un tiburón?" Pregunté, atemorizada. "¿En un lago?" "Sí", me respondieron, "un tiburón de agua dulce..." Se trata de un enorme pez denominado Carcharhinusleucas, generalmente conocido como el tiburón toro del Caribe. Me explicaron que la alta tolerancia de este tiburón al agua dulce le permitió adaptarse al agua del río San Juan y luego al Lago de Nicaragua. En ese momento pensé en mis padres y sus temores cuando me despidieron en el aeropuerto de Maiquetía. Al principio, los tiburones viajaban entre el lago y el Caribe, pero los más jóvenes se adaptaron hasta reproducirse en agua dulce y vivir permanentemente en el lago. Miré las aguas a mi alrededor y recé calladamente para que no se acercara el tiburón avistado. "Quiero llegar viva a Solentiname", pensé.

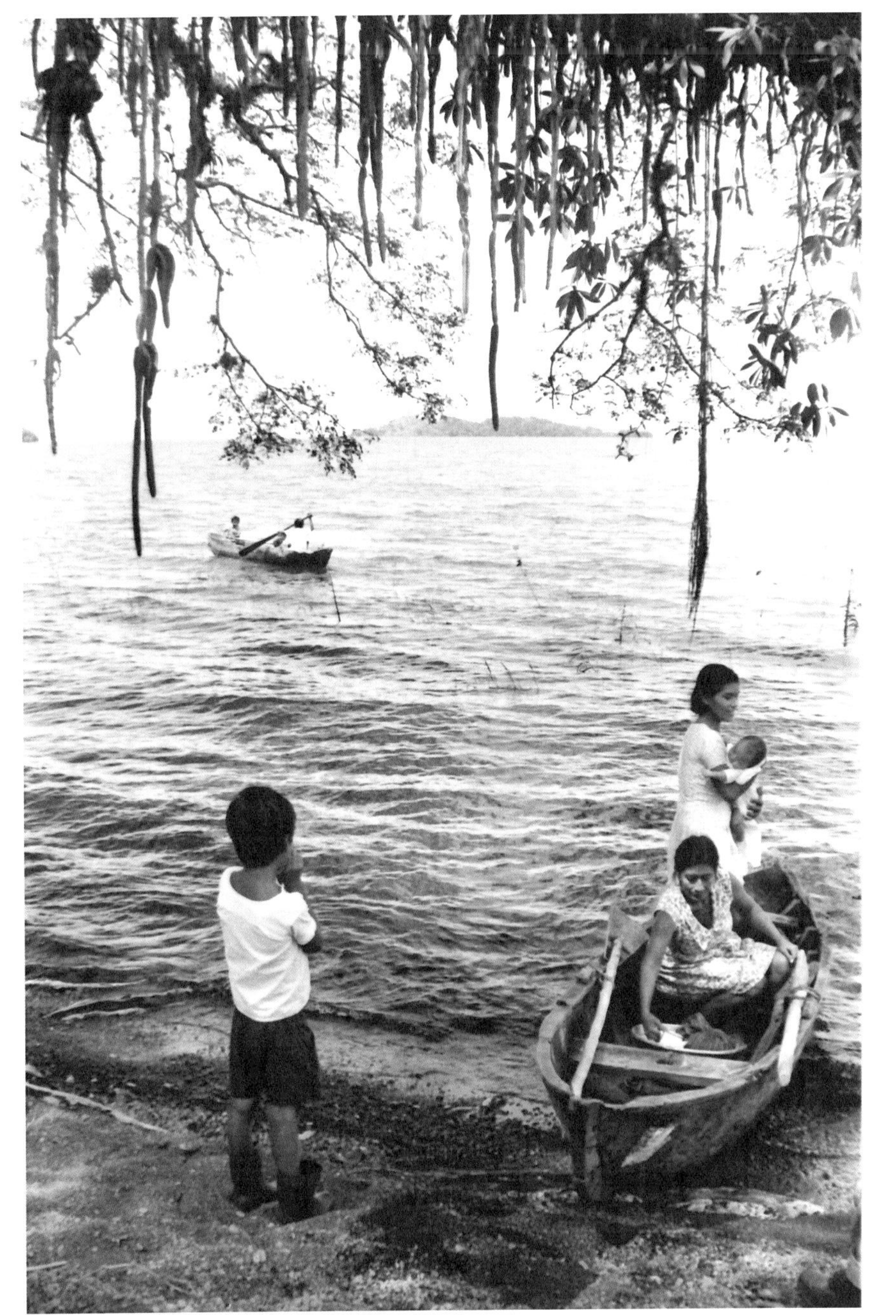

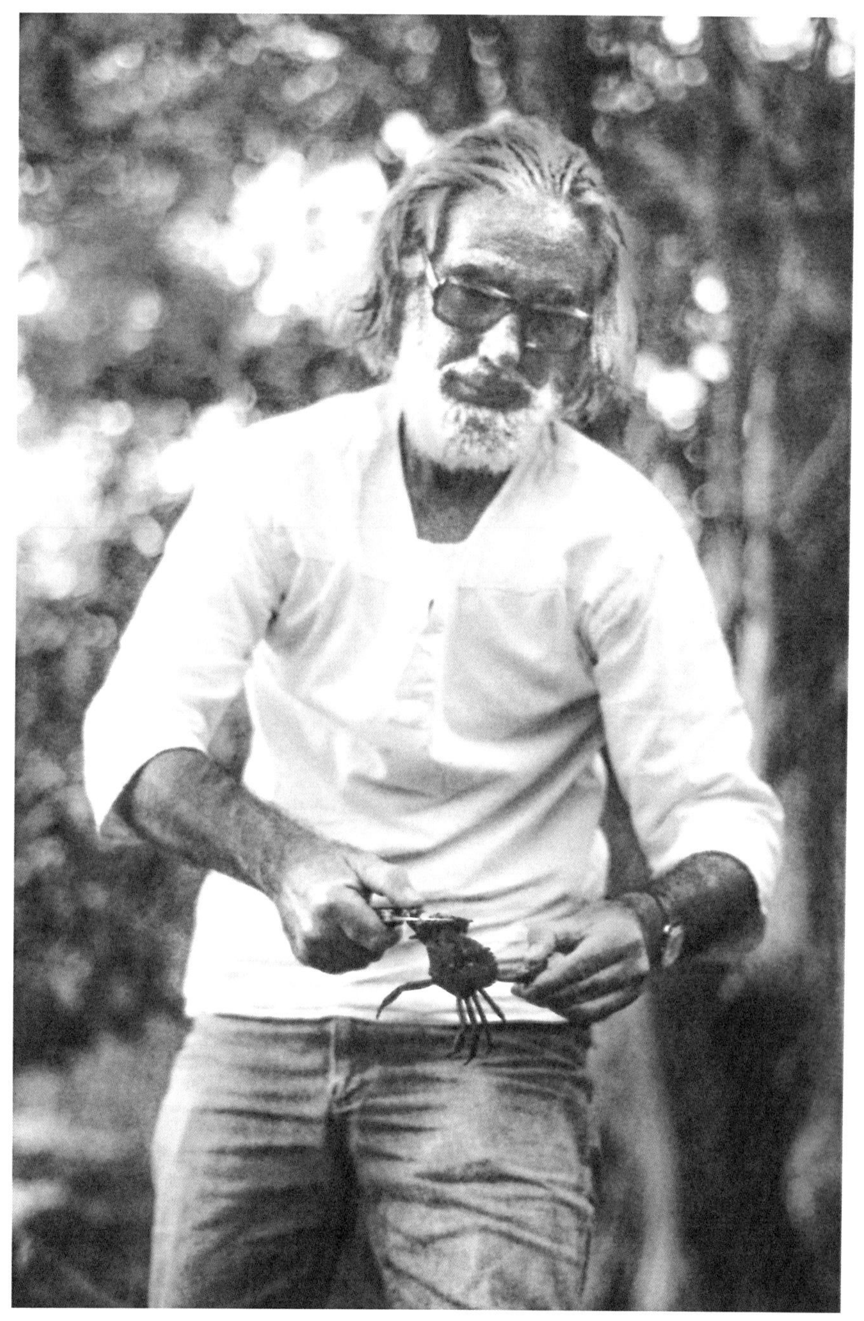

Años más tarde, cuando se instaló una planta procesadora en el nacimiento del río San Juan, durante el gobierno de los Somoza, fueron capturados y eliminados cientos de miles de tiburones. Las más recientes investigaciones científicas reportan que los últimos tiburones de agua fueron vistos en el año 2000 y que están virtualmente extinguidos.

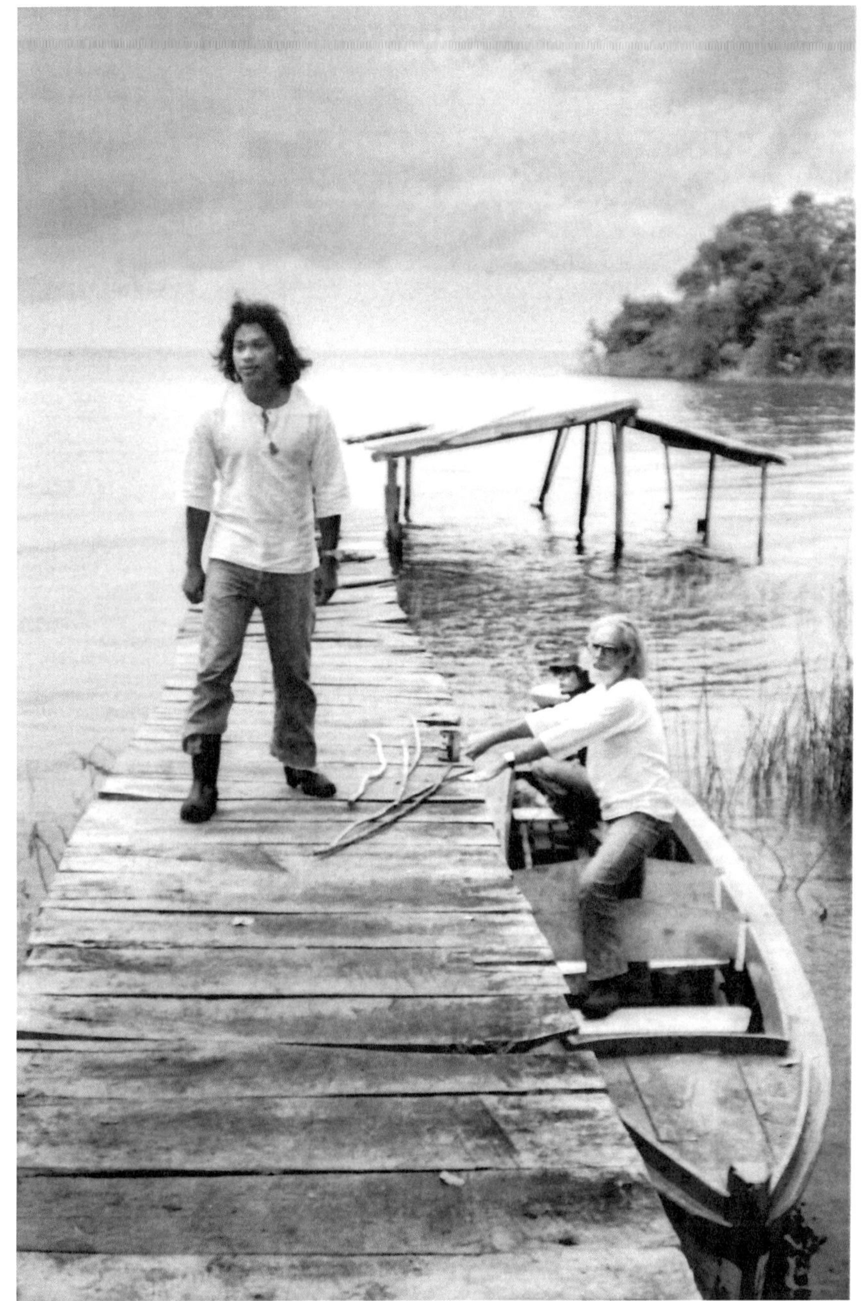

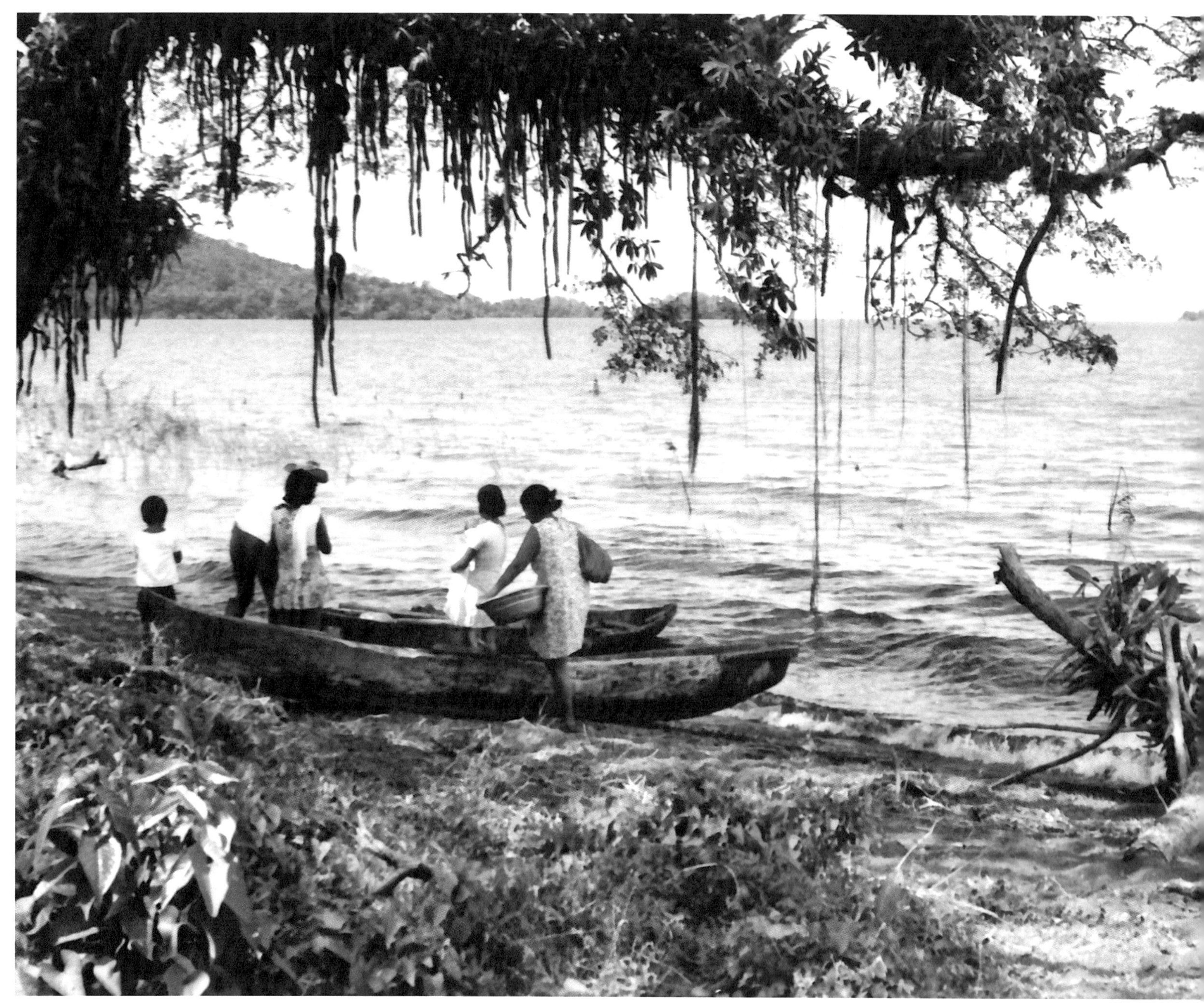

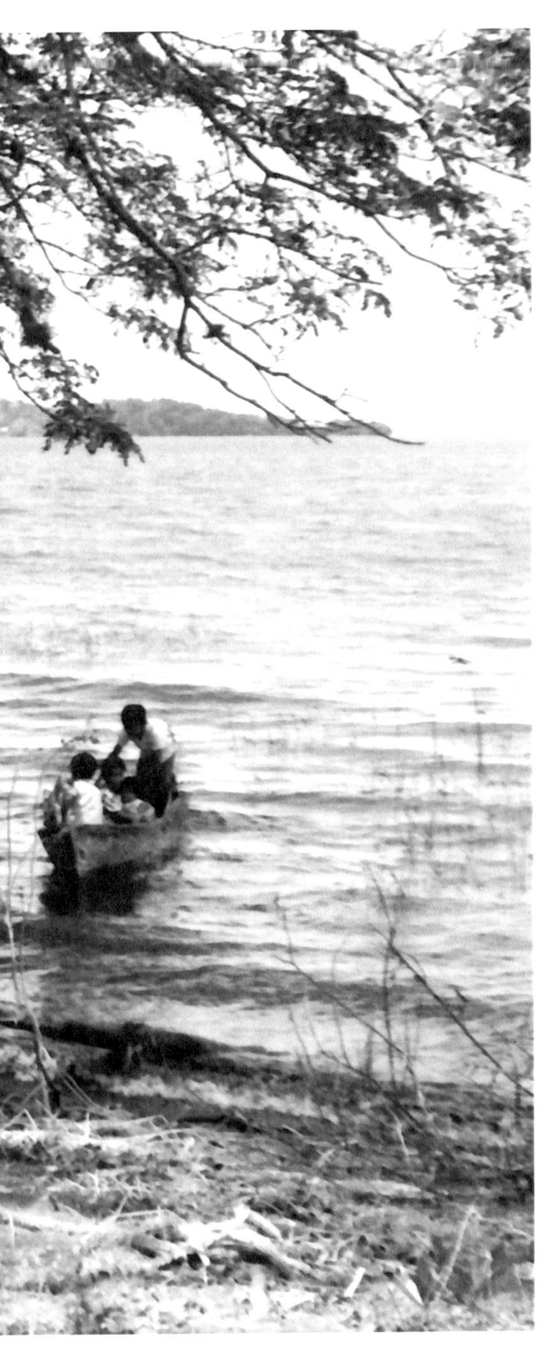

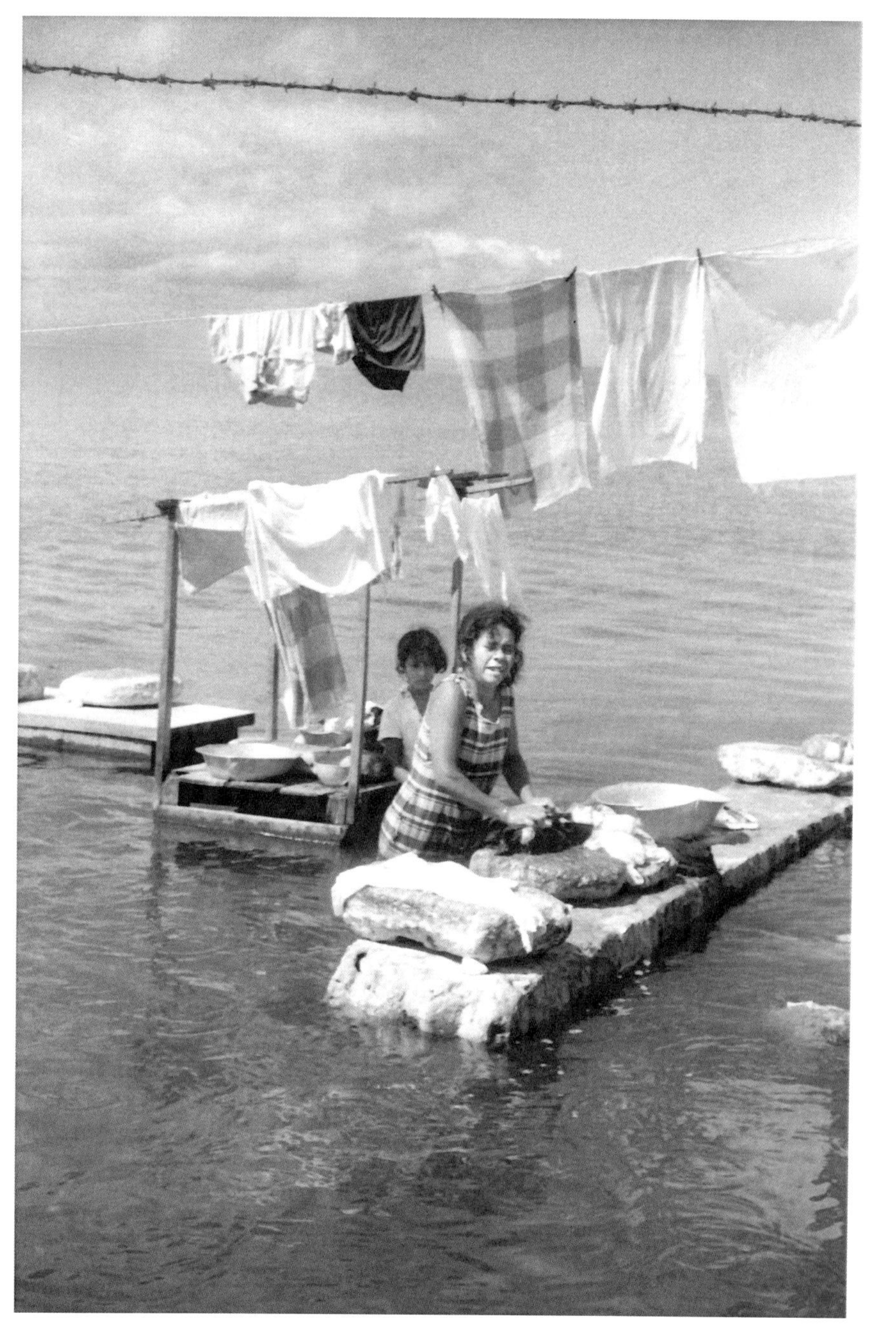

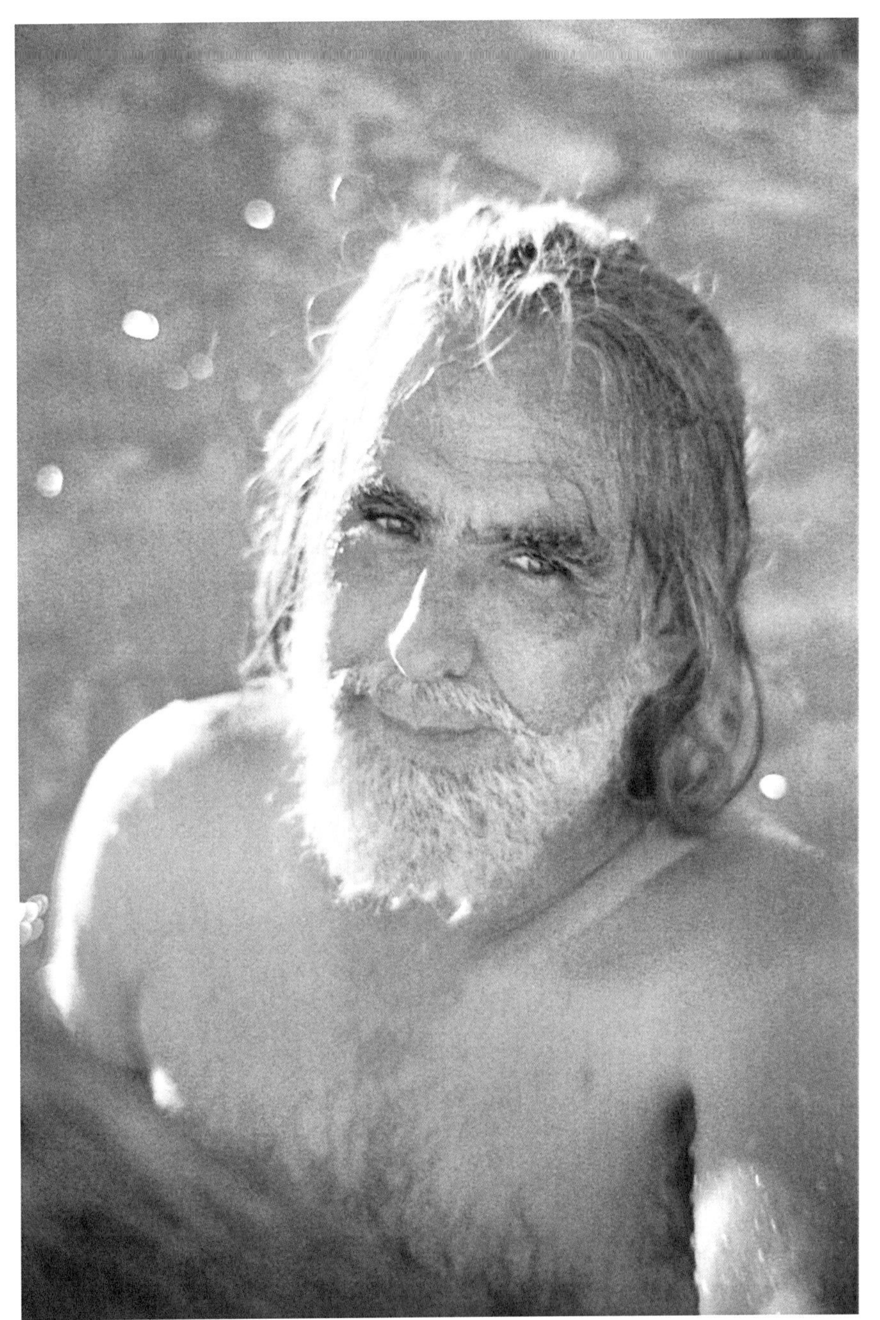

Solentiname

Emocionada, intrigada, anhelante…, me es difícil describir lo que sentí en el momento en que la chalana se acercaba a Solentiname. Son treinta y seis islas e islotes, siendo las principales Mancarroncito, San Fernando, La Venada y Mancarrón. En esta última, sobre el rústico muelle de madera, estaba Ernesto Cardenal: figura mítica, célebre poeta iberoamericano, monje trapense, marxista, teólogo, fundador de la comunidad cristiana casi monástica de Solentiname.

"¡Bienvenida!", me dijo Cardenal con suma sencillez. A diferencia del hombre apasionado, fuerte, de verbo incendiario que conocí cuando dio su conferencia en Caracas, en esta ocasión lo percibí como una persona apacible, de pocas palabras, afable, que sonreía con la mirada. Parecía navegar en pensamientos profundos. Vestía su característica cotona blanca, pantalones de mezclilla, sandalias y una cinta de colores en la cabeza.

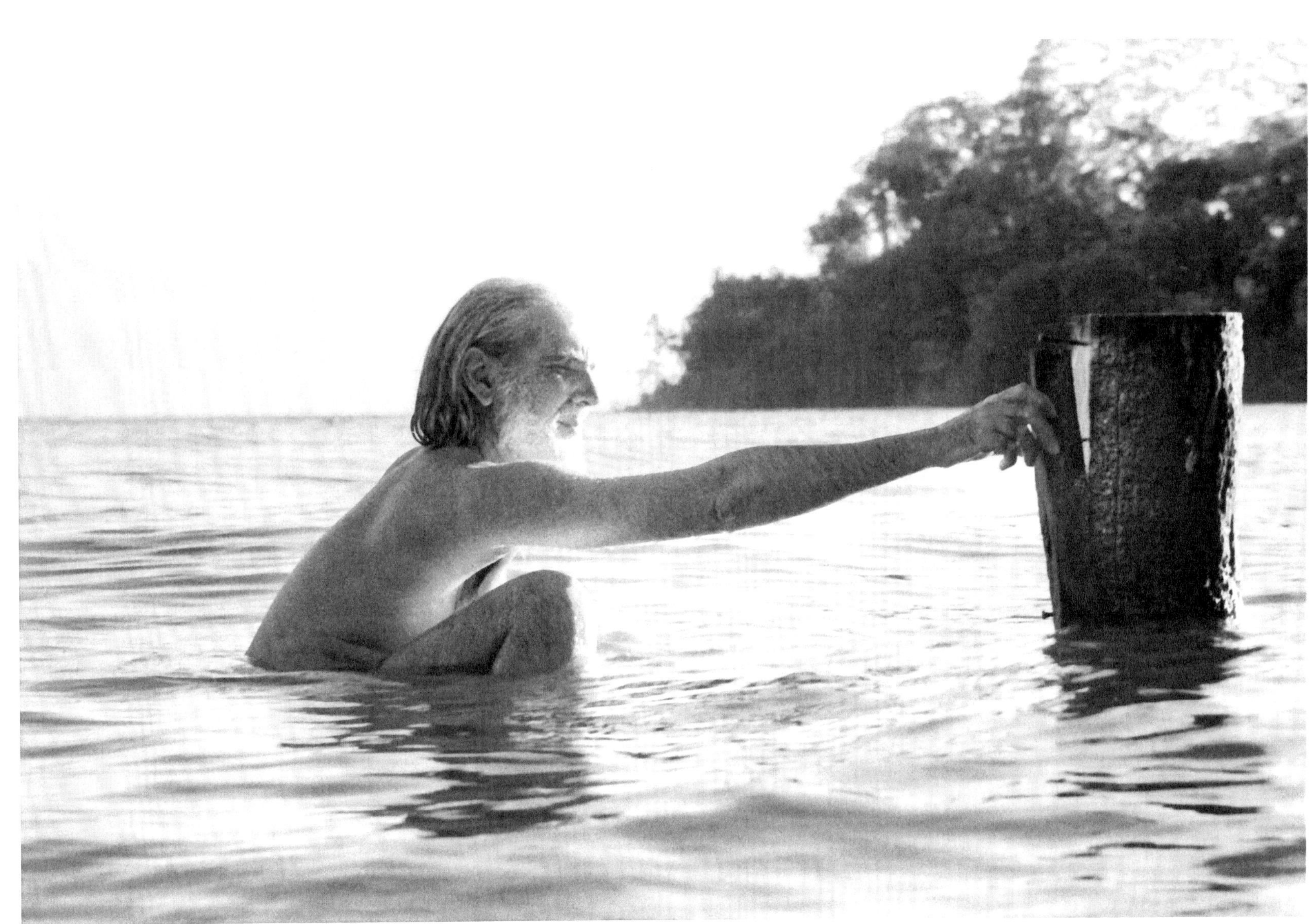

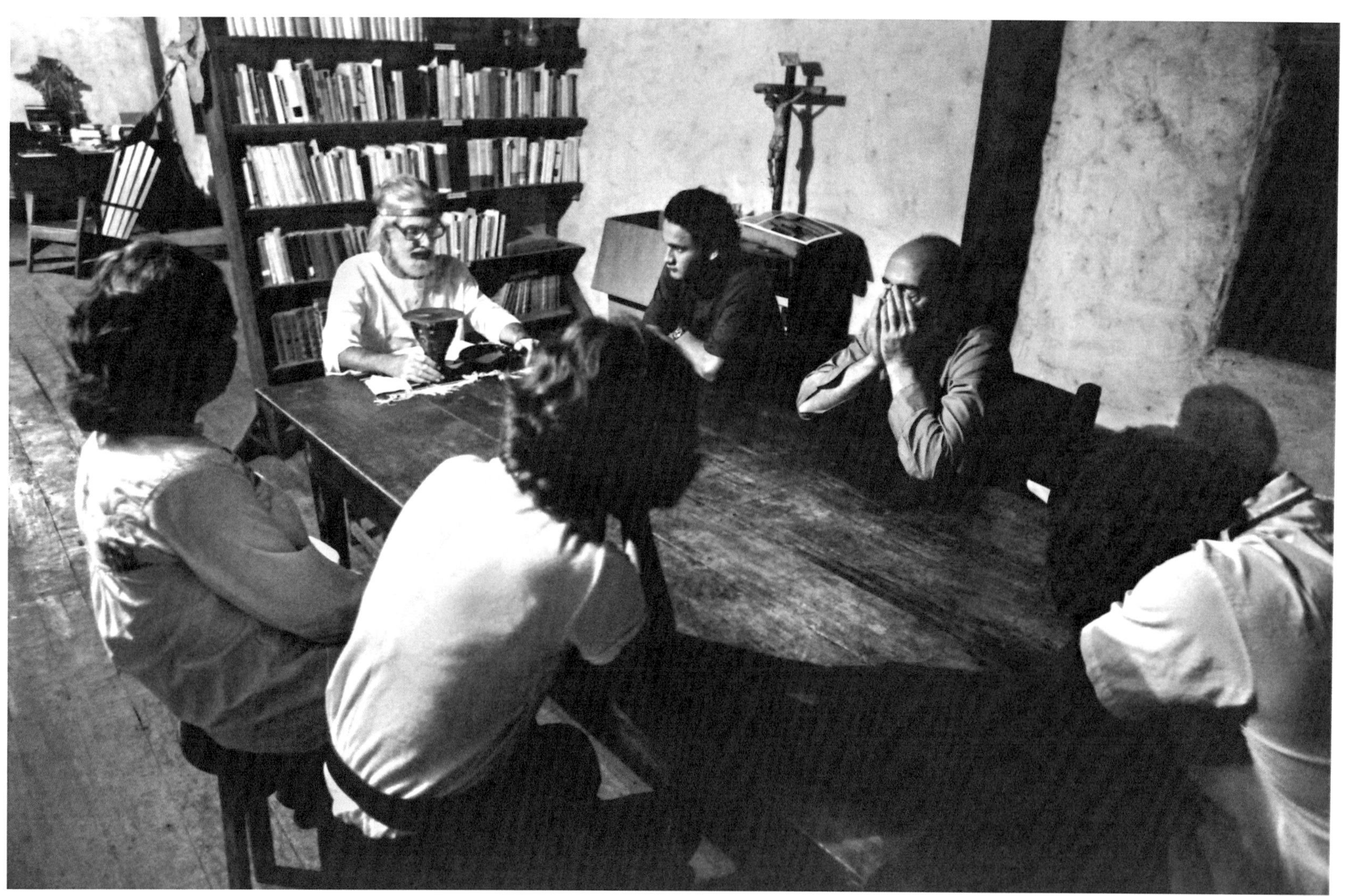

24

Me preguntó cómo había estado mi viaje, a lo que respondí: "¡lo logré!", mientras me indicaba que lo siguiera hacia la comunidad. Esta había sido fundada en 1966 y estaba integrada por compañeros del seminario de La Ceja (Colombia), jóvenes campesinos y varias familias afines. Tras un breve recorrido por la histórica iglesia, el taller de artesanía, la sala y la amplia biblioteca, donde resaltaba una fotografía de Thomas Merton —monje trapense mentor de Cardenal—, uno de los jóvenes campesinos me guio hasta la cabaña en la que me alojaría. El espacio era rústico y pulcro. Todo era silencio. Solo se escuchaban los grillos y a lo lejos el suave oleaje del Cocibolca.

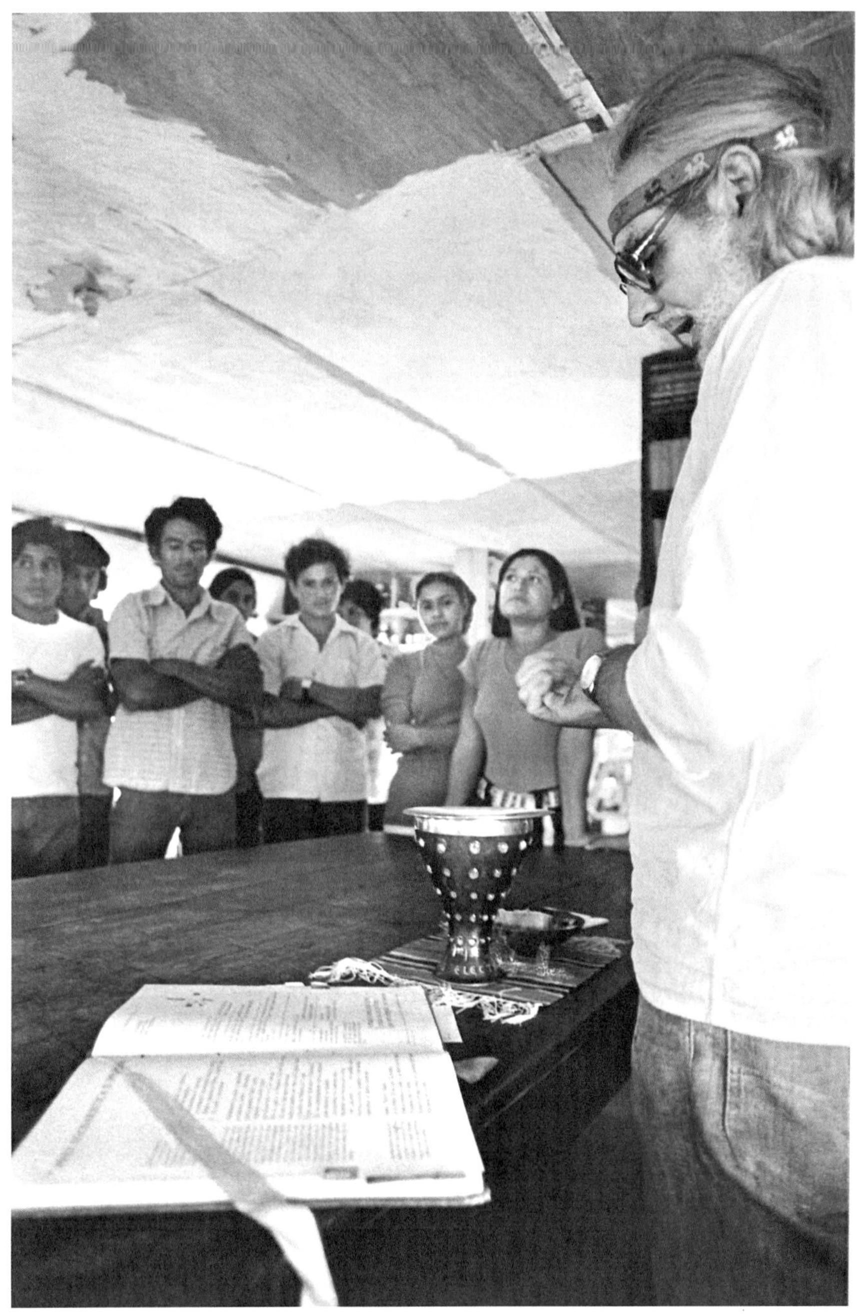

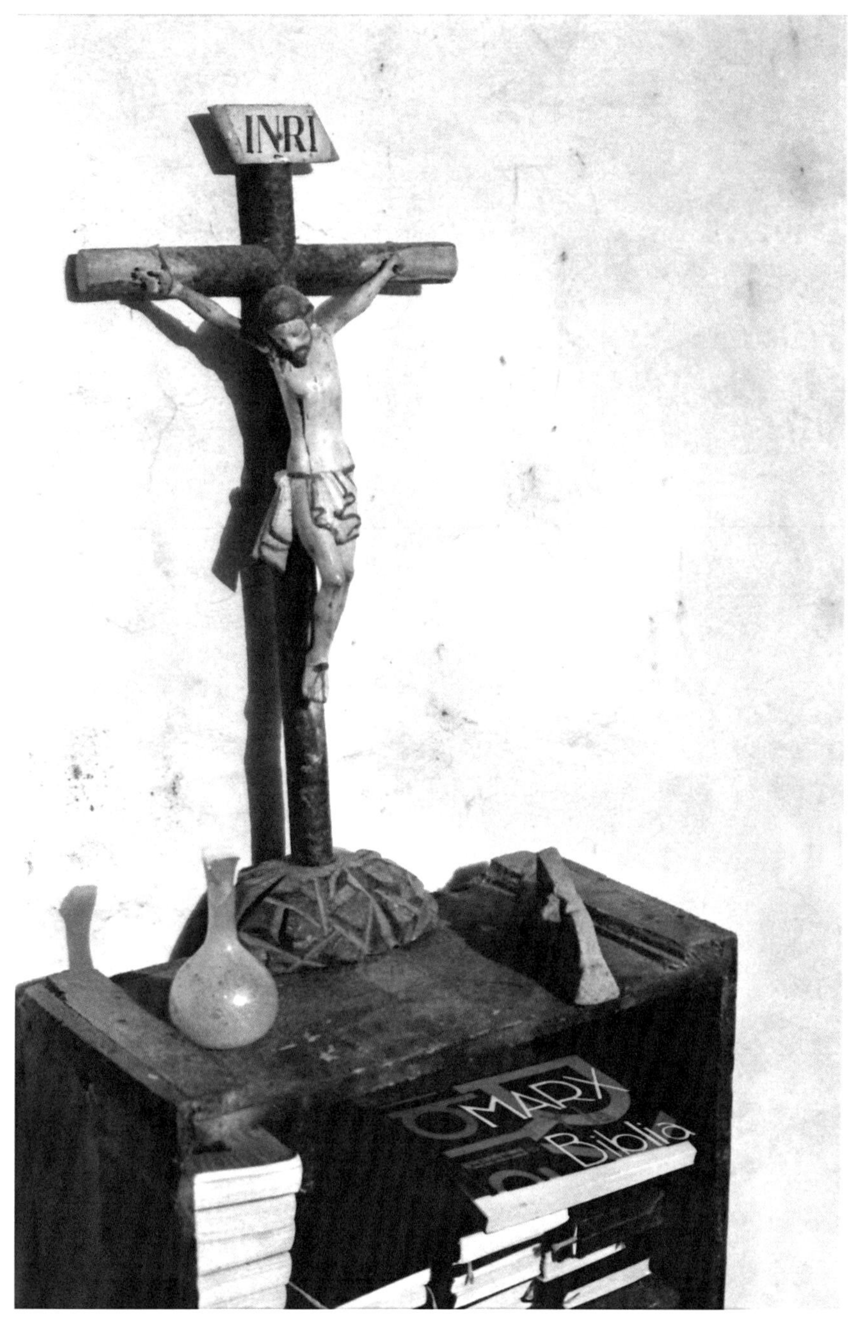

Con las primeras luces del amanecer nos despertaban para leer el evangelio a la luz del marxismo y deliberar sobre la importancia de la teología de la liberación, según la cual la iglesia católica debía defender la causa de los oprimidos en América Latina, algo que las monjas del colegio donde estudié jamás hubiesen aprobado. Para mí era una experiencia novedosa de la cual quería aprender.

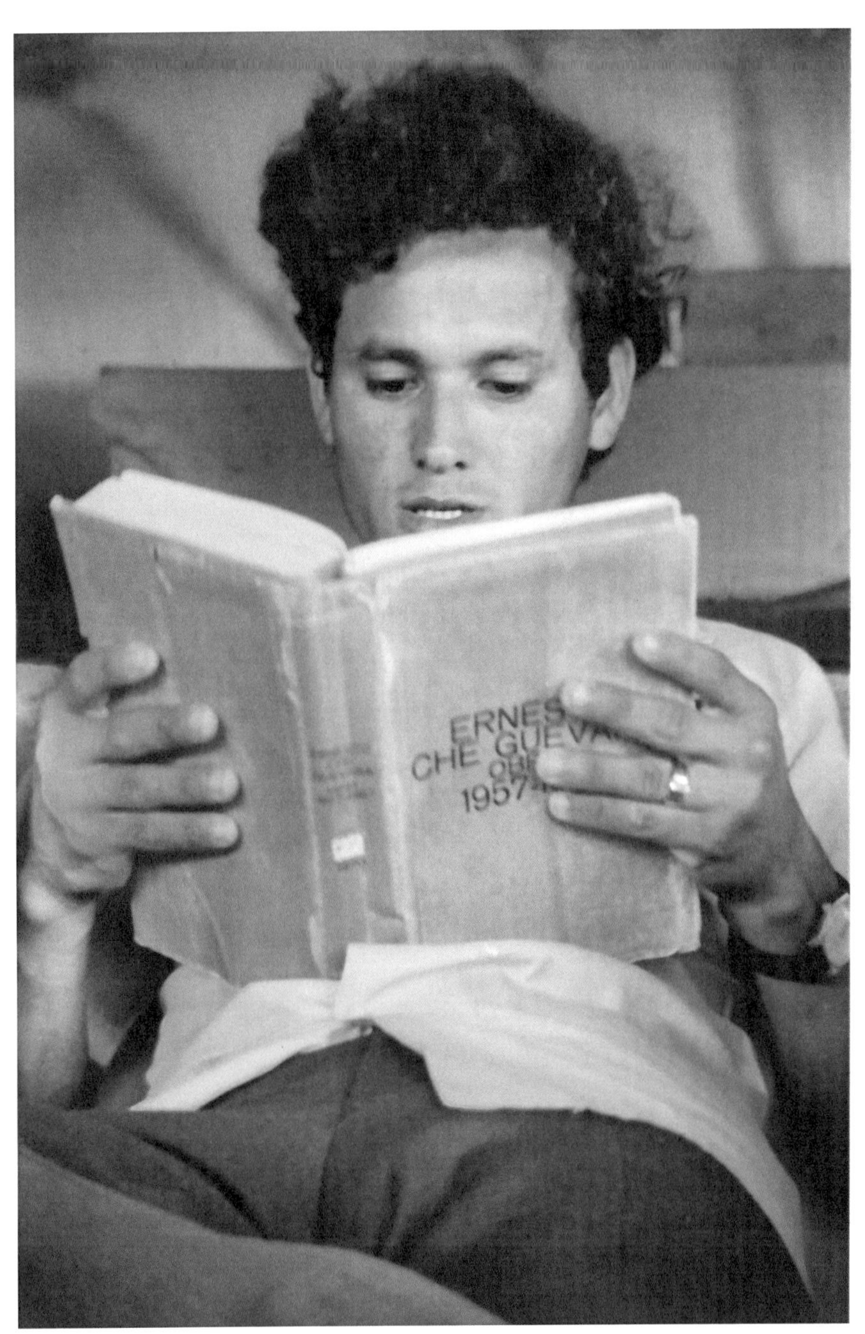

ERNES
CHE GUEVA
OB
1957

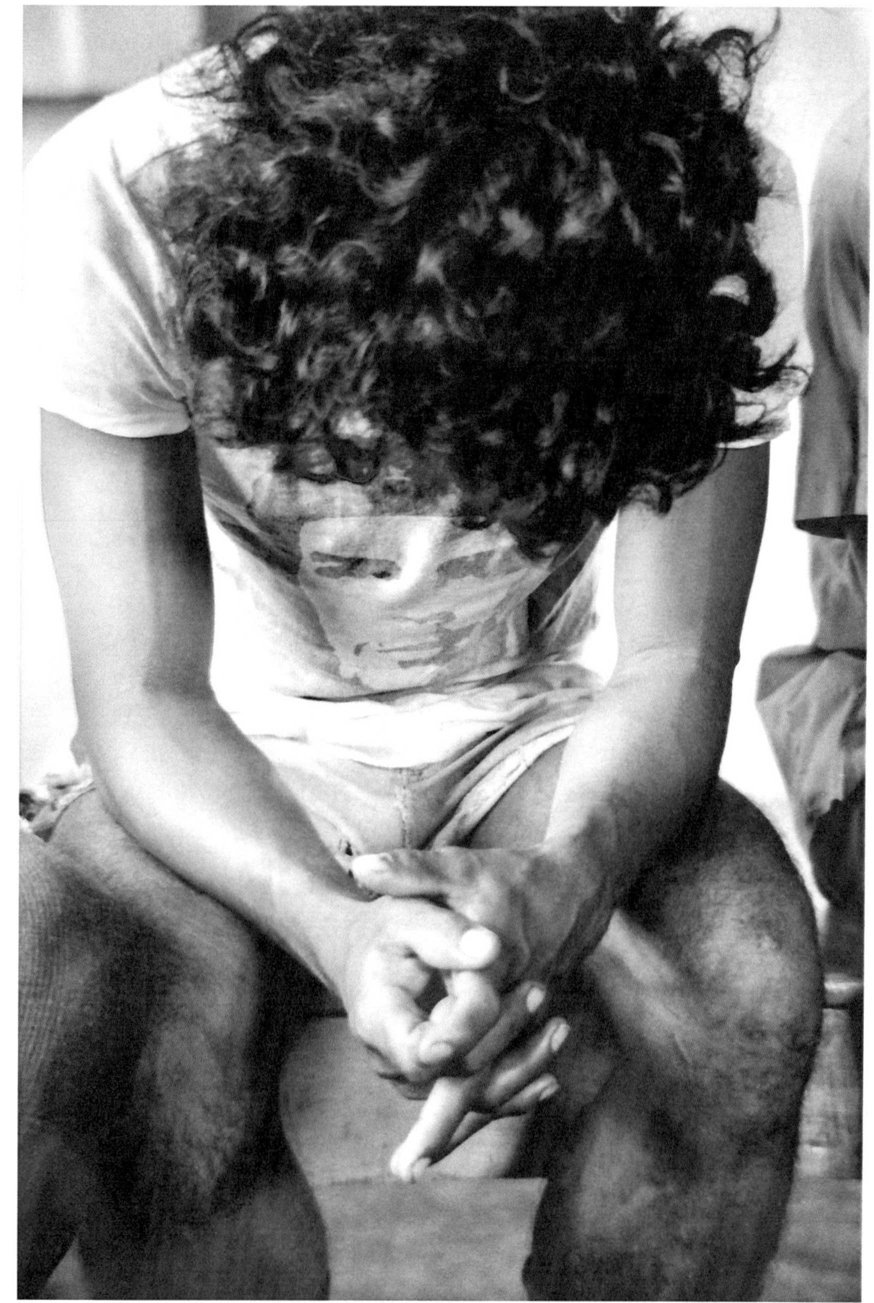 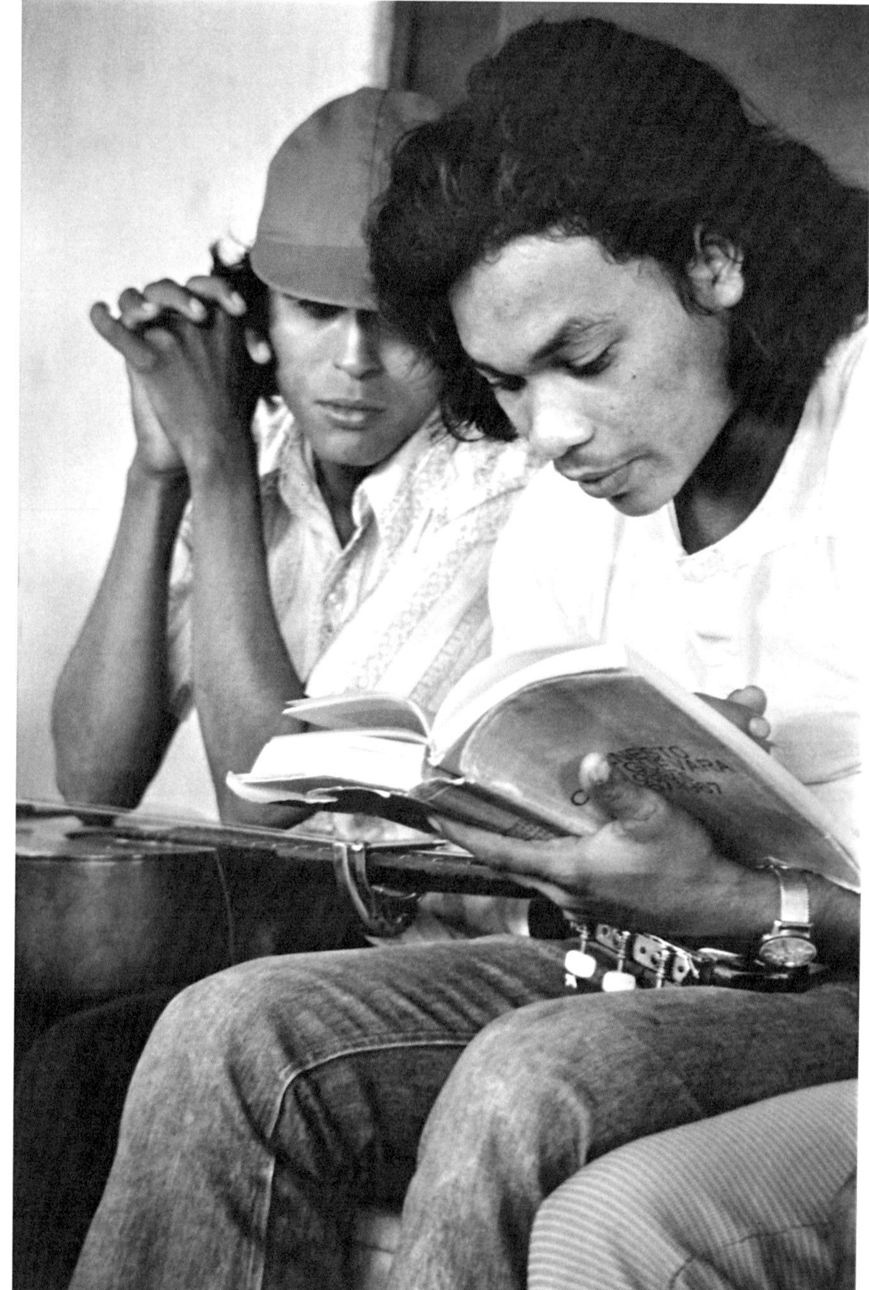

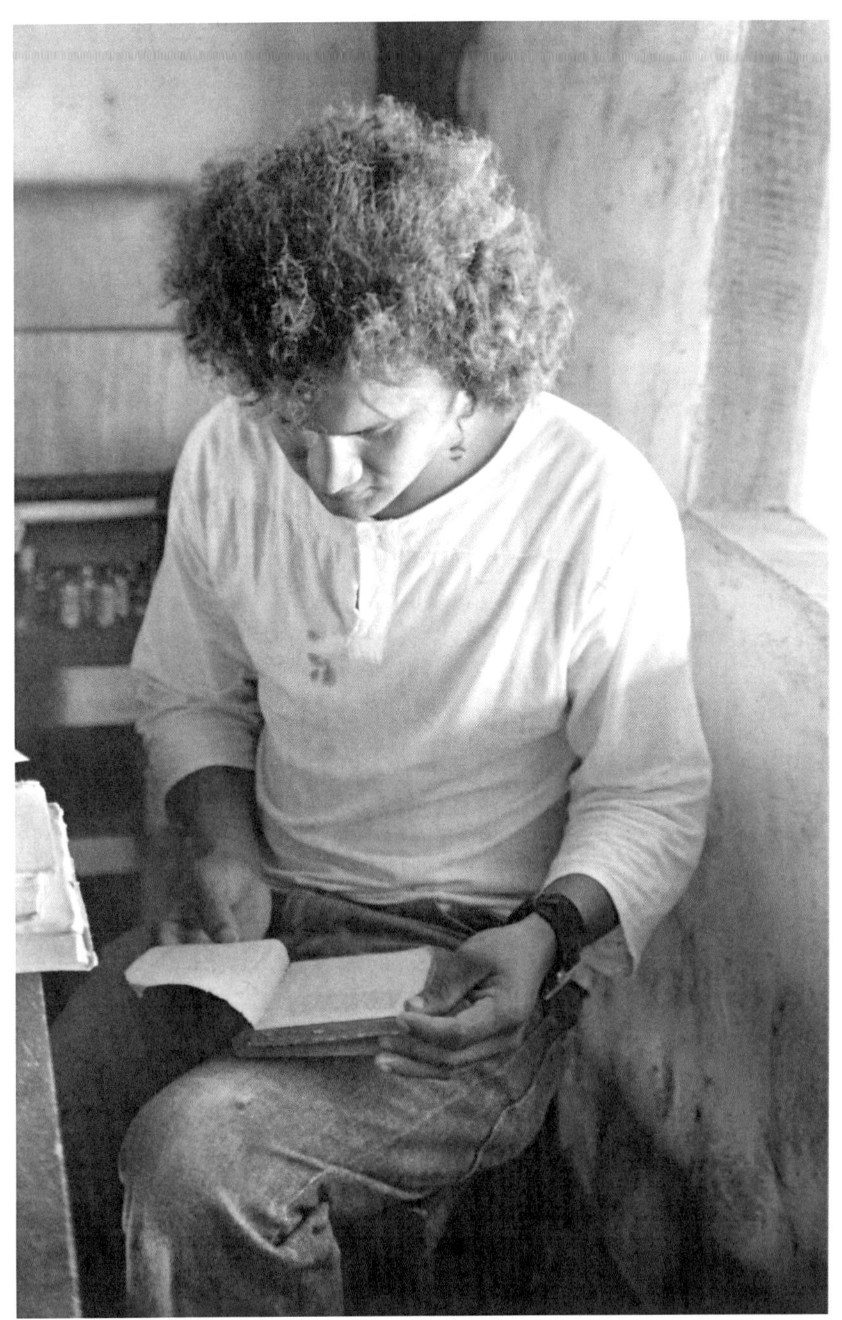

Luego, venía el desayuno y las diversas actividades que Cardenal realizaba junto a los campesinos: ordeño, artesanías, colecta de frutos, pesca, cocina, escultura, música, artes plásticas, lecturas de religión, poesía, literatura. Las artes en general florecieron en Solentiname: el arte primitivista tuvo gran relevancia; pinturas al óleo y tallas de madera exponían coloridos paisajes de las islas y muchos de sus artistas llegaron a ser reconocidos en Nicaragua y en el exterior.

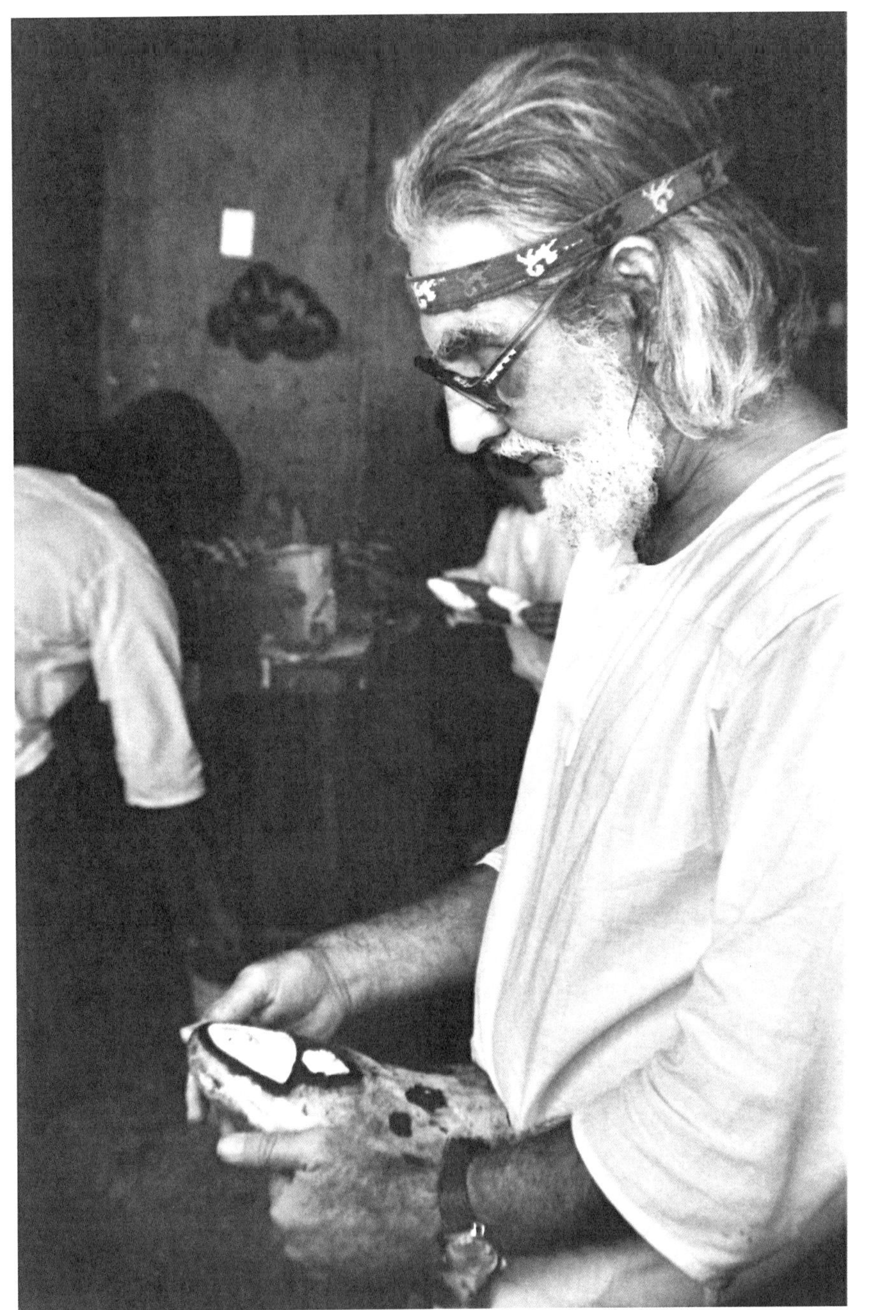

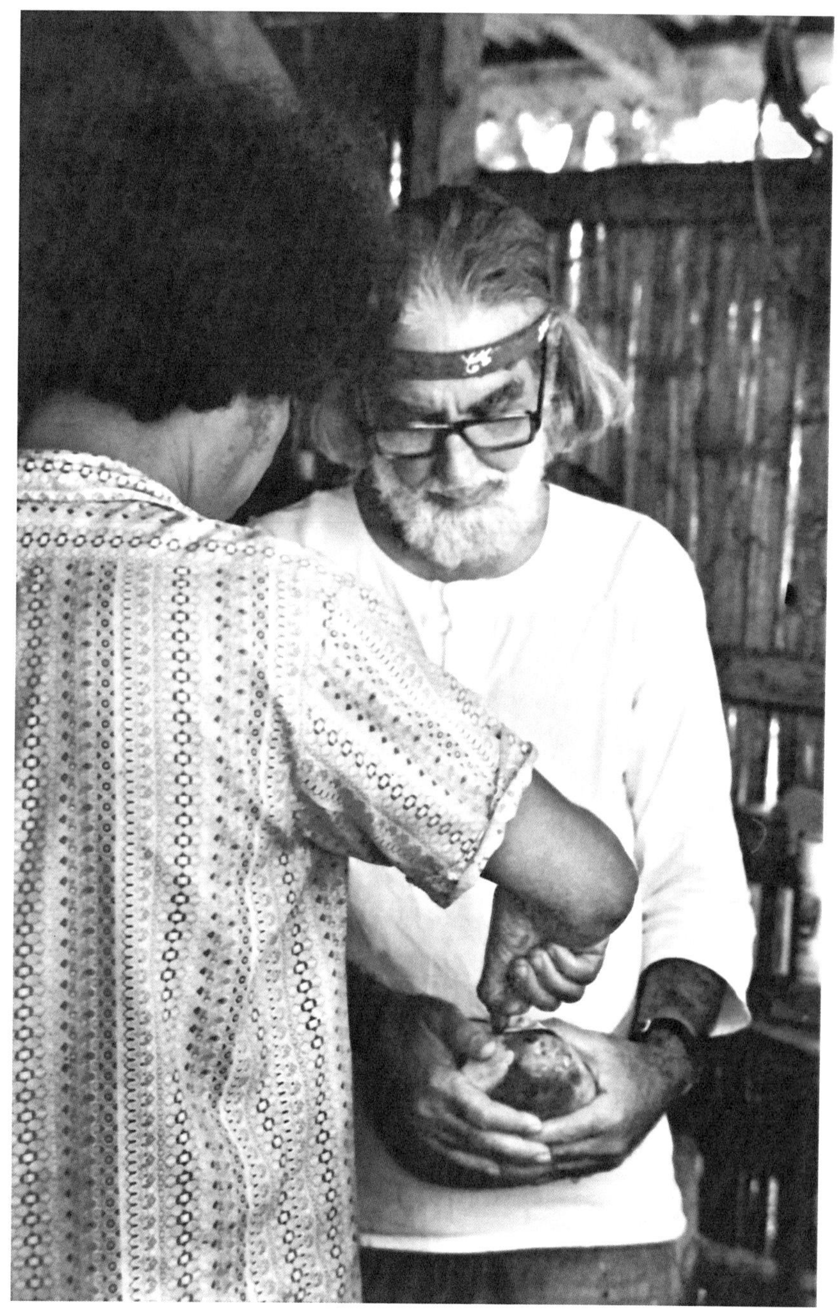

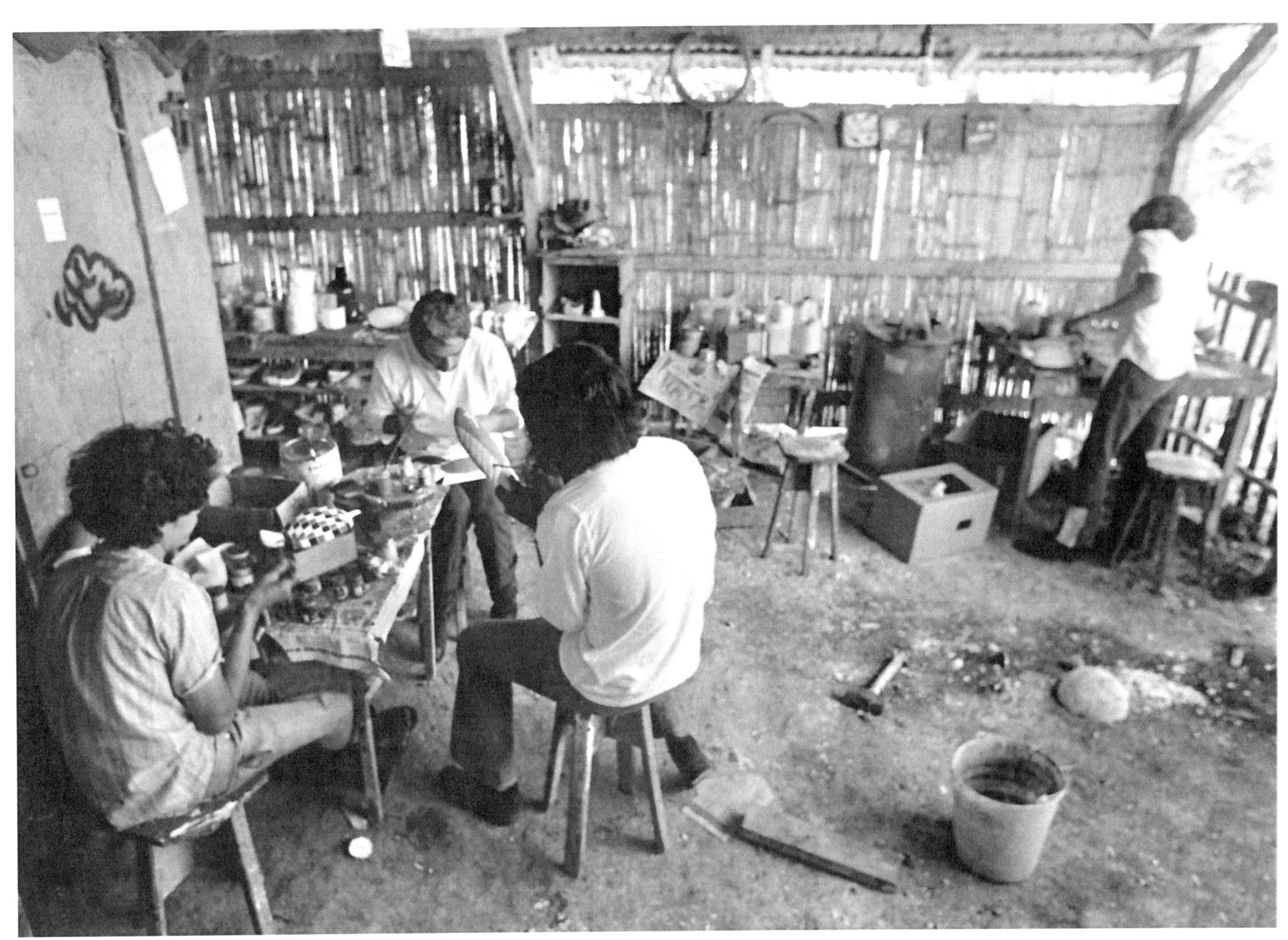

"Me veo como poeta. Esa es mi verdadera vocación", comentaba Cardenal. "Mi poesía tiene un compromiso social y político". "Aunque no esté escribiendo poesía, el trabajo manual, que incluye limpiar inodoros, es una práctica de estilo, porque la humildad y sencillez de estos trabajos seguramente perfeccionará mi estilo literario, dándome más sencillez, claridad, expresión directa", escribiría luego en su libro *Vida perdida: Memorias I.* En ocasiones, el propio Cardenal leía sus poemas. Nos sentábamos entusiasmados a su alrededor, en las hamacas de lona, bancos de madera o directamente en el suelo de la biblioteca para escucharlo con atención.

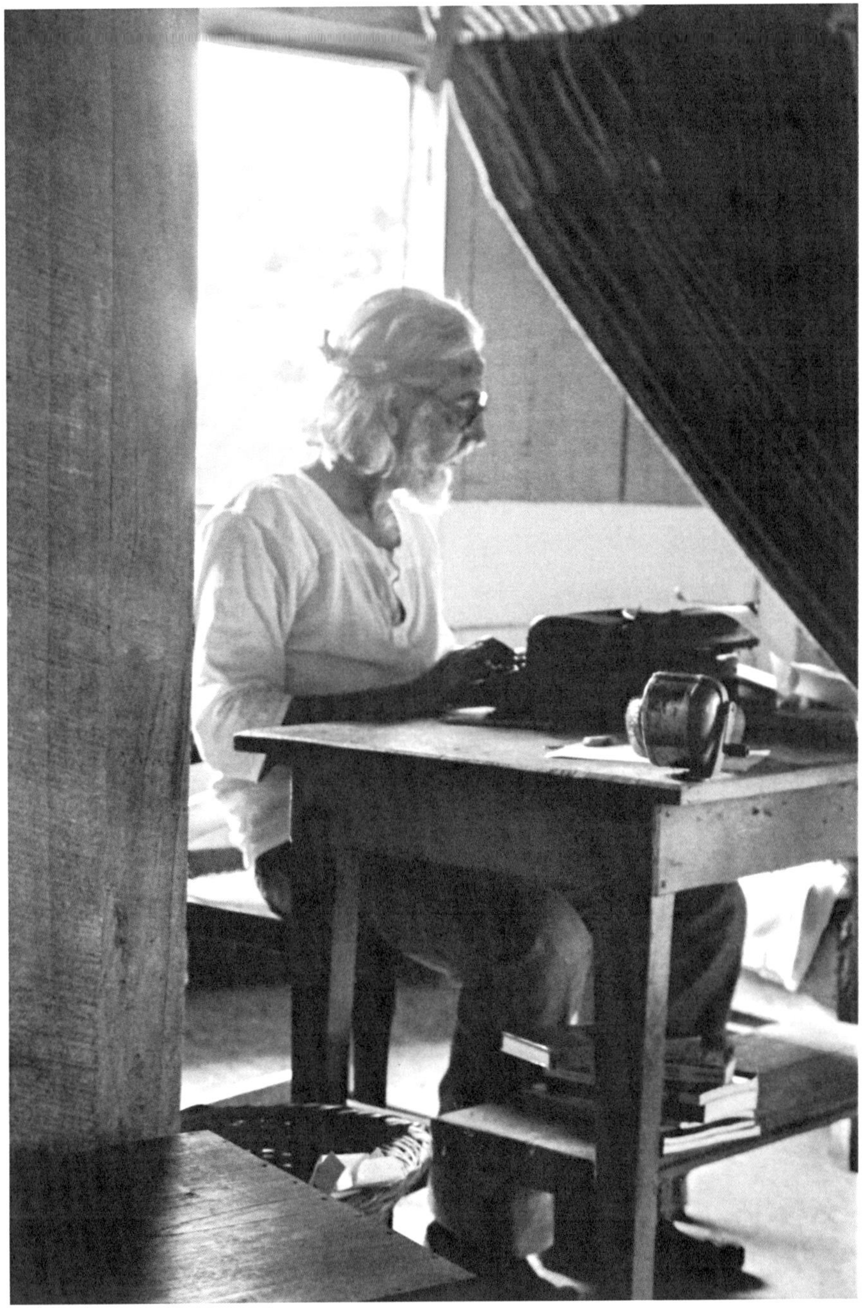

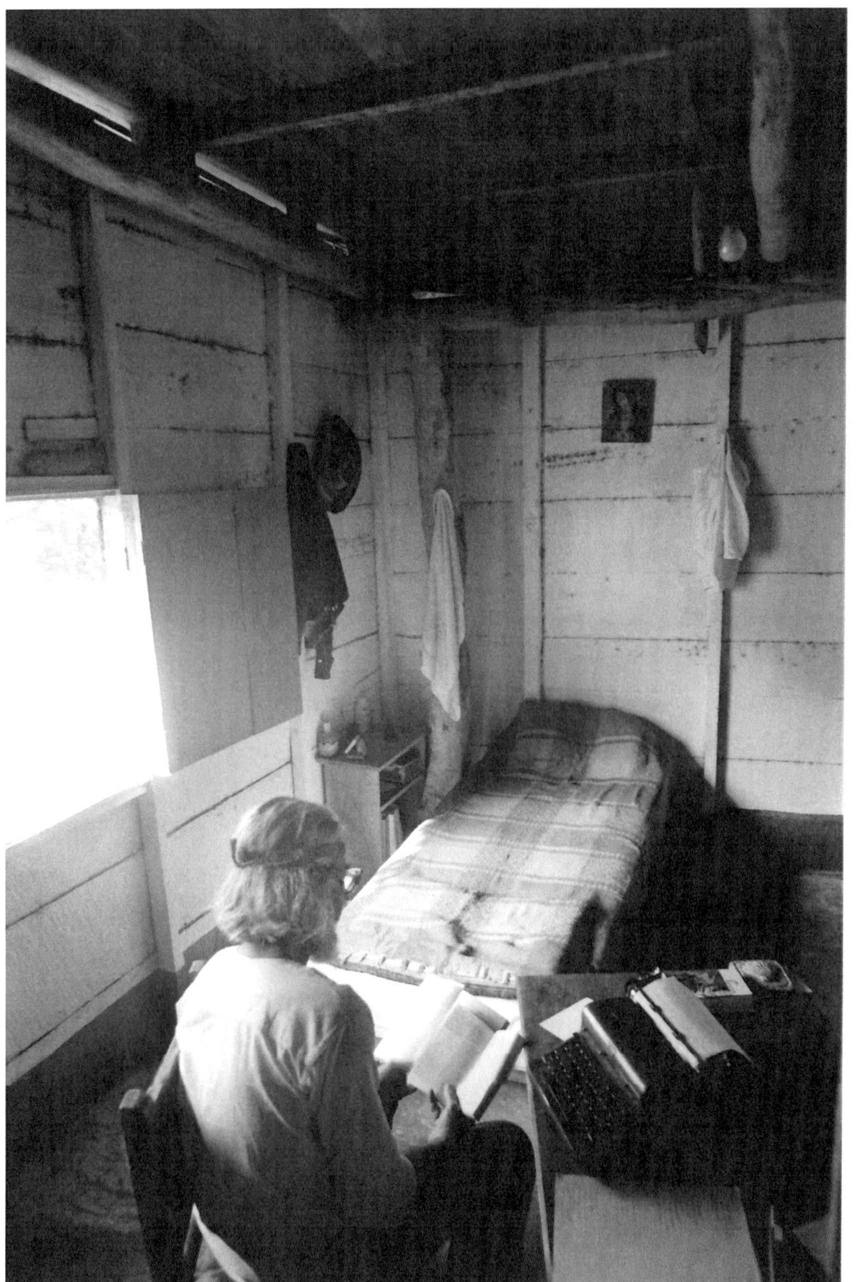

En las tertulias poéticas no podían faltar los epigramas, estos son poemas escritos por Cardenal en su juventud que expresan el amor con un fino sentido irónico y su repudio a la violencia de la tiranía de los Somoza en Nicaragua:

Yo he repartido
papeletas clandestinas

Gritando
¡Viva la Libertad!
en plena calle

desafiando a los
guardias armados

Yo participé en la
rebelión de abril

pero palidezco
cuando paso por tu casa

y tu sola mirada
me hace temblar

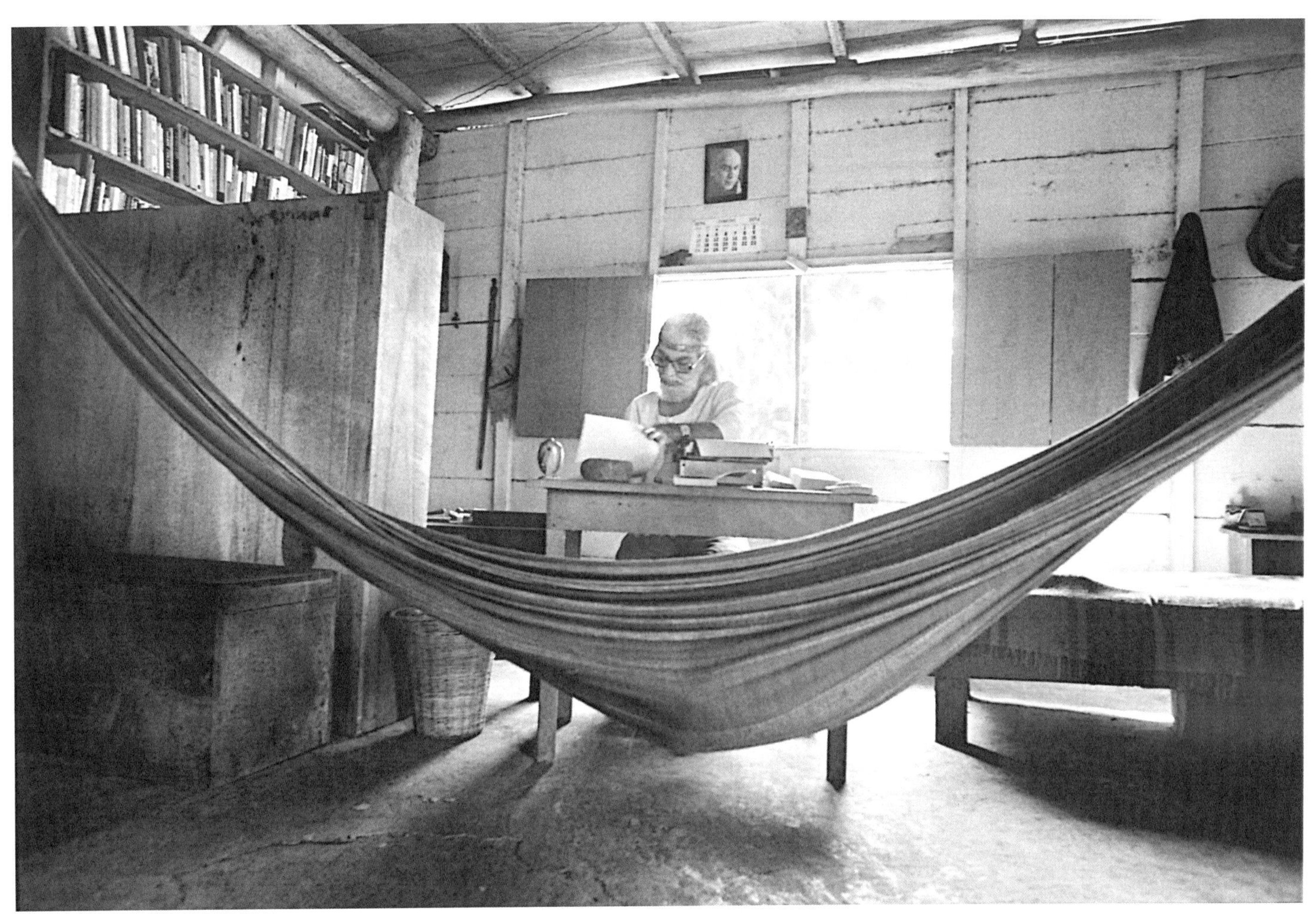

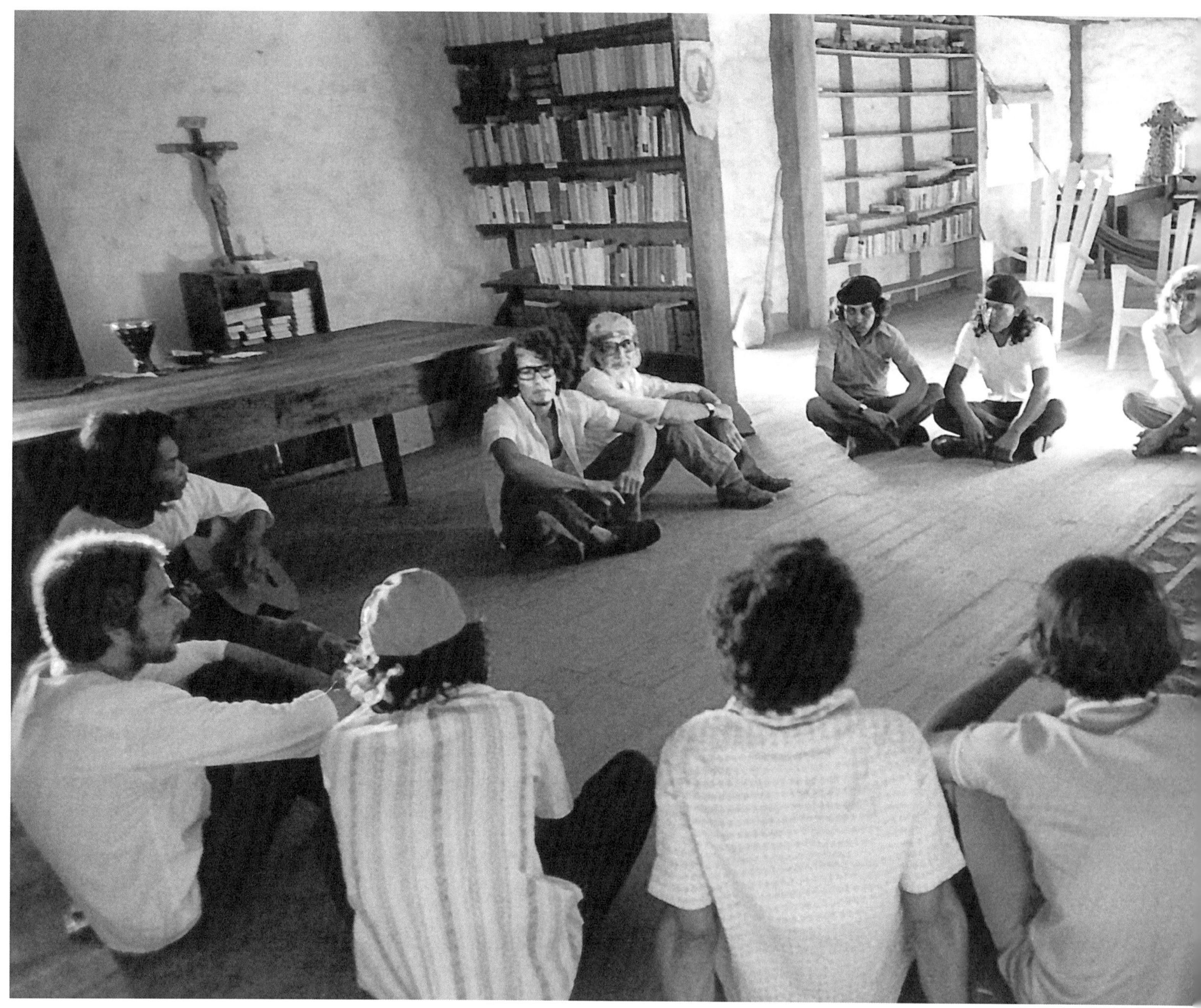

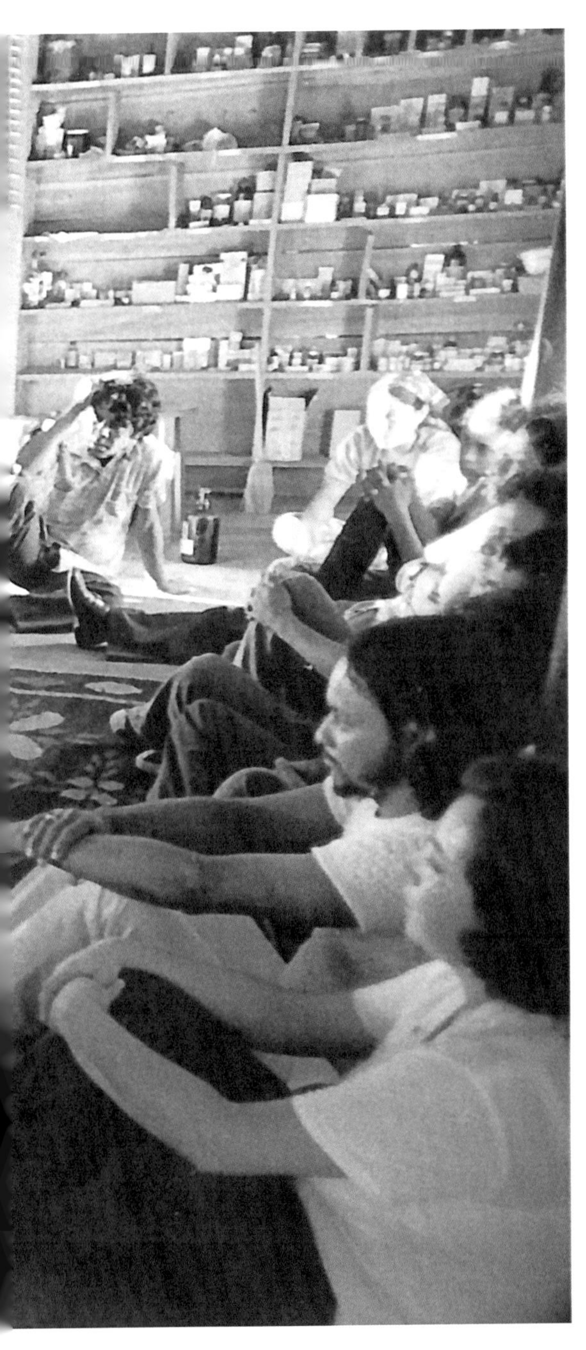

En medio de alegre camaradería y reflexivo silencio, Cardenal oficiaba misa los domingos donde se discutía el evangelio del día. Esta experiencia única la recoge el propio Cardenal en su famoso libro *El evangelio en Solentiname*. La iglesia era pequeña, con piso de tierra, bancas de madera y paredes decoradas con coloridos dibujos. Se armaban intensos debates, recuerdo el que versaba sobre la cita bíblica: "Amen a sus enemigos, hagan bien a los que les odian, bendigan a los que les maldicen, oren por los que les insultan". Se hizo un largo silencio. Nadie hablaba. "¿Amar a la dictadura de los Somoza que durante muchos años ha cometido miles de crímenes en contra del pueblo de Nicaragua?", se preguntaban los feligreses.

Finalmente, se inició la discusión: "¿Y cómo vamos a hacer para luchar contra el enemigo si lo tenemos que amar? ¿Cómo vamos a defendernos?". Uno de los feligreses respondió: "Si odiamos, ya no estamos luchando contra el enemigo... sino que somos el enemigo, porque somos malos... El evangelio dice que amemos al enemigo, pero no dice que no lo combatiremos... La cuestión es cómo lo vamos a combatir. Si ellos odian, el arma contra ellos es el amor. La diferencia que hay entre nosotros y los enemigos es que nosotros los combatimos sin querer oprimirlos, solo para liberar". "Es claro que el ejemplo más grande de eso lo dio el mismo Jesucristo que no quiso que sus discípulos usaran armas para salvarlo y que murió orando por sus enemigos", acotó otra persona. Luego del intenso debate, la mayoría de los feligreses estuvo de acuerdo en que no se debía propiciar la venganza.

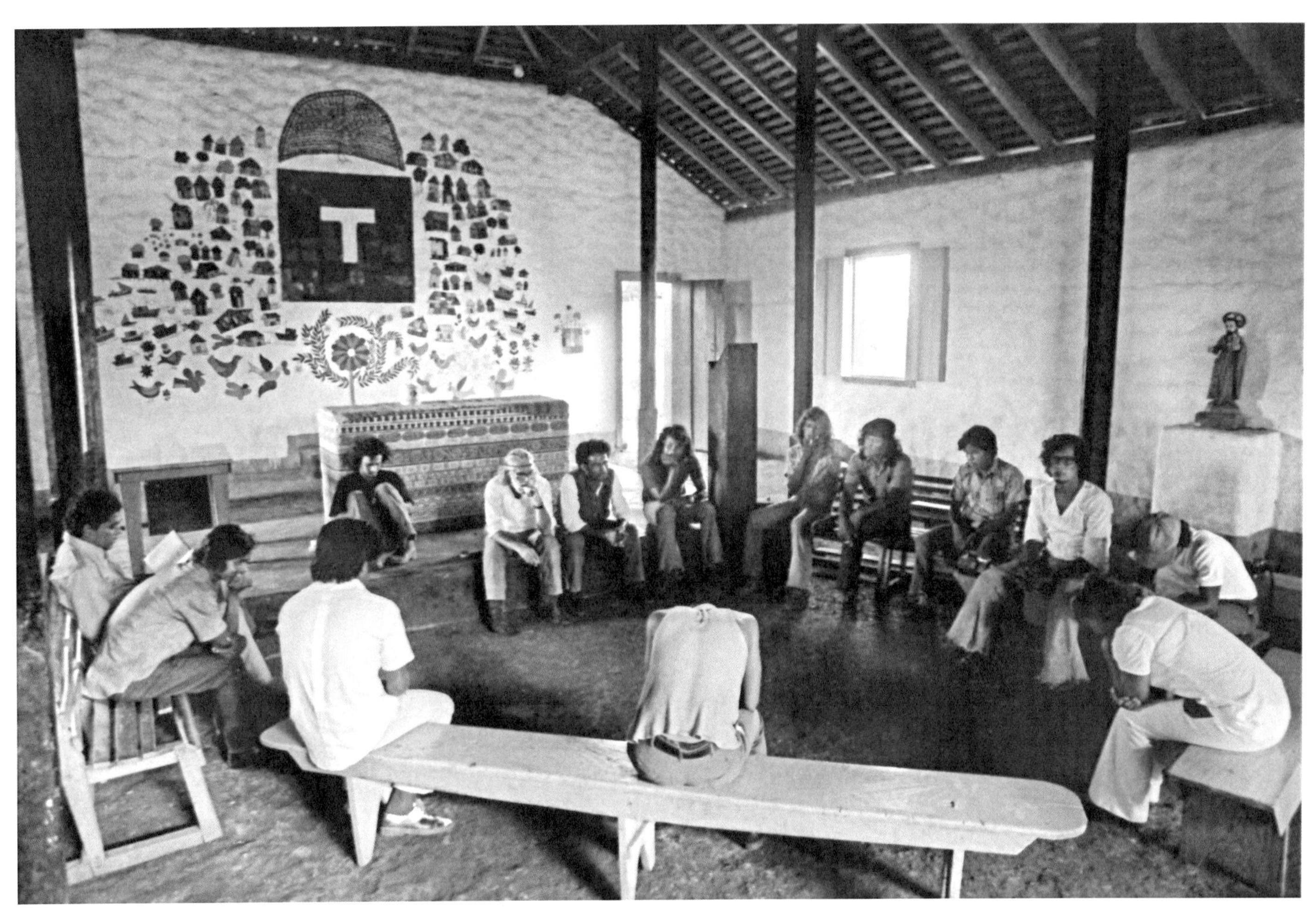

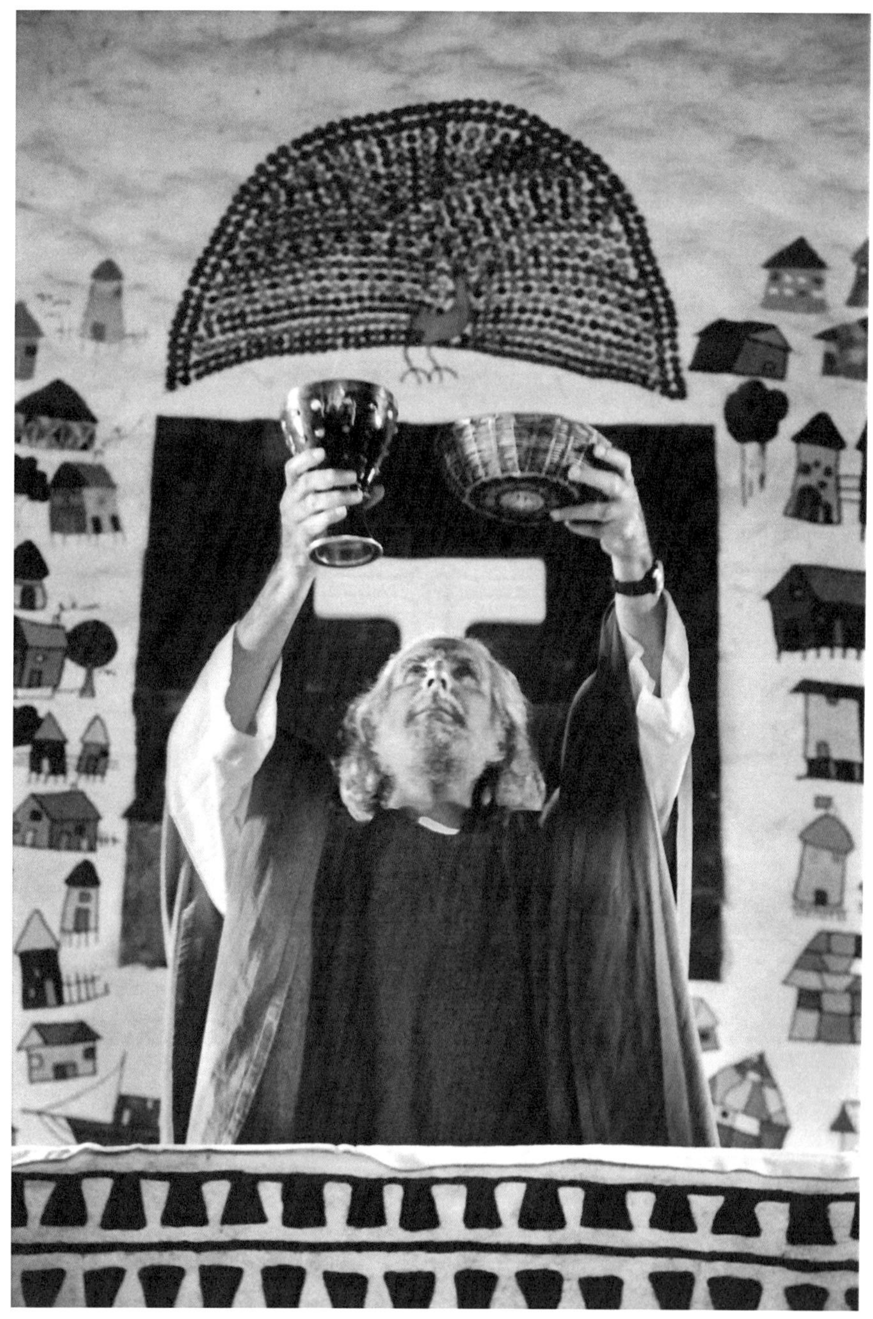

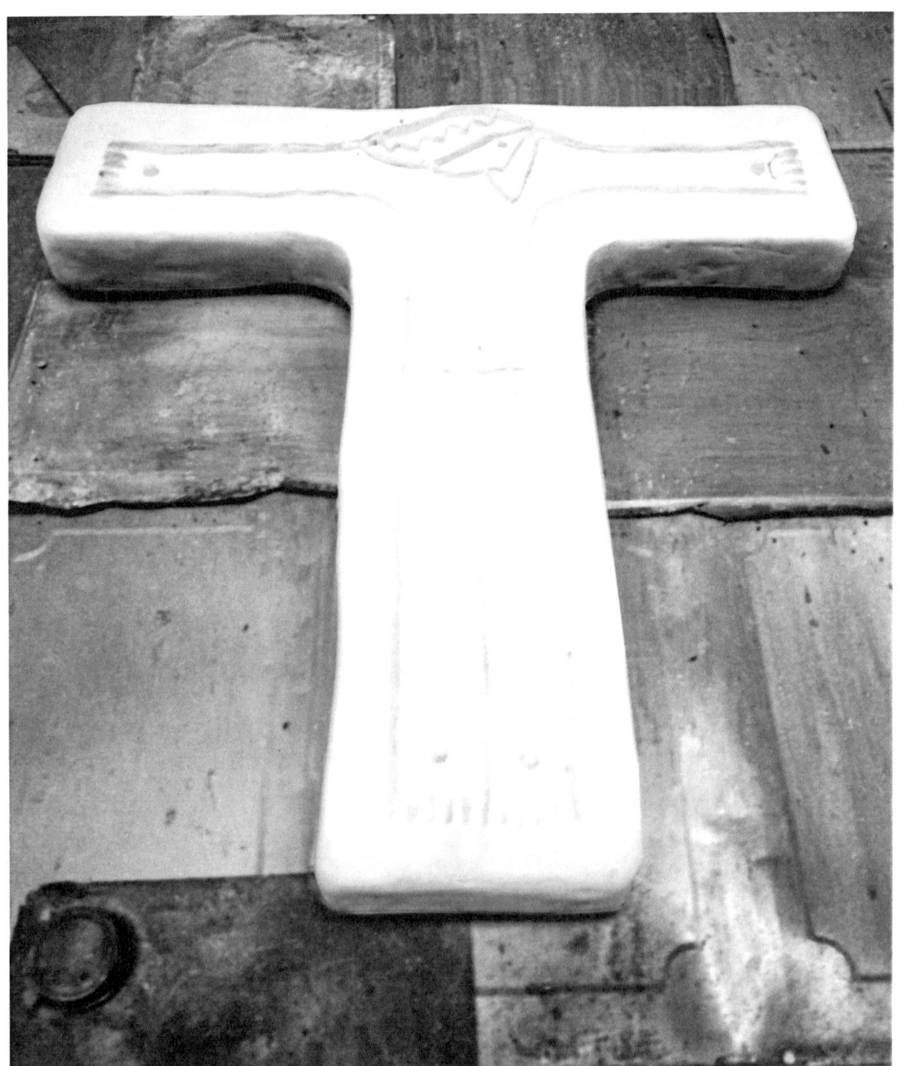

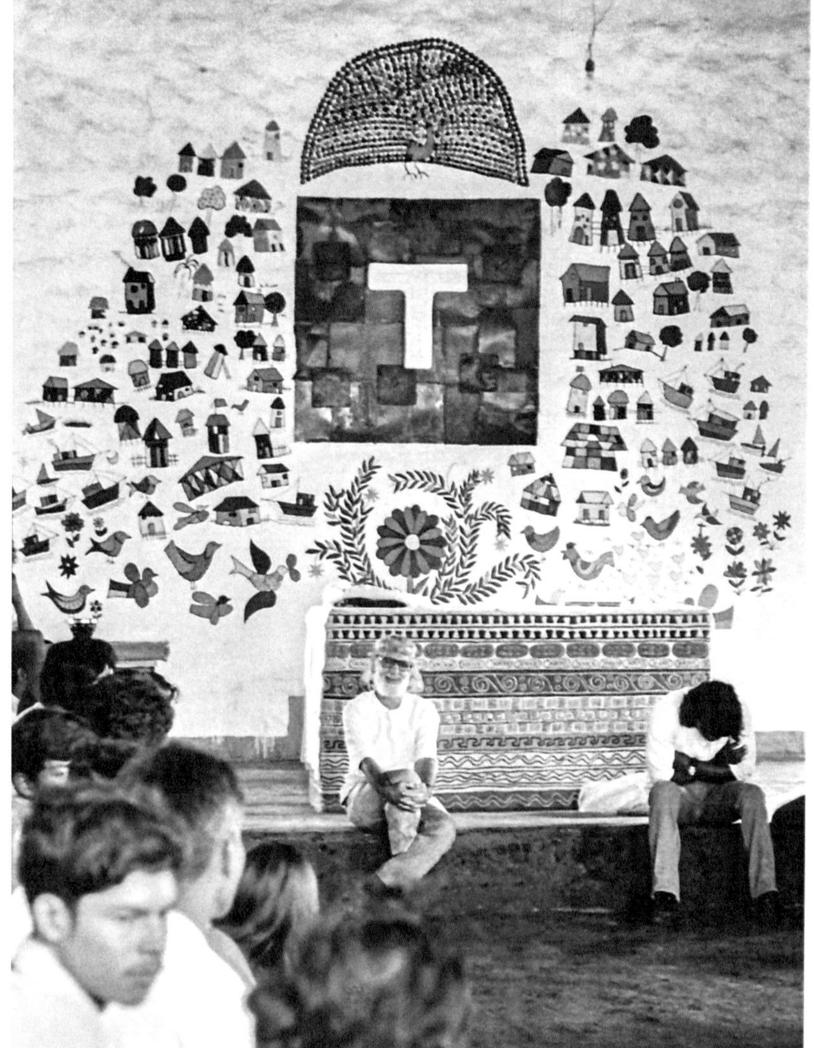

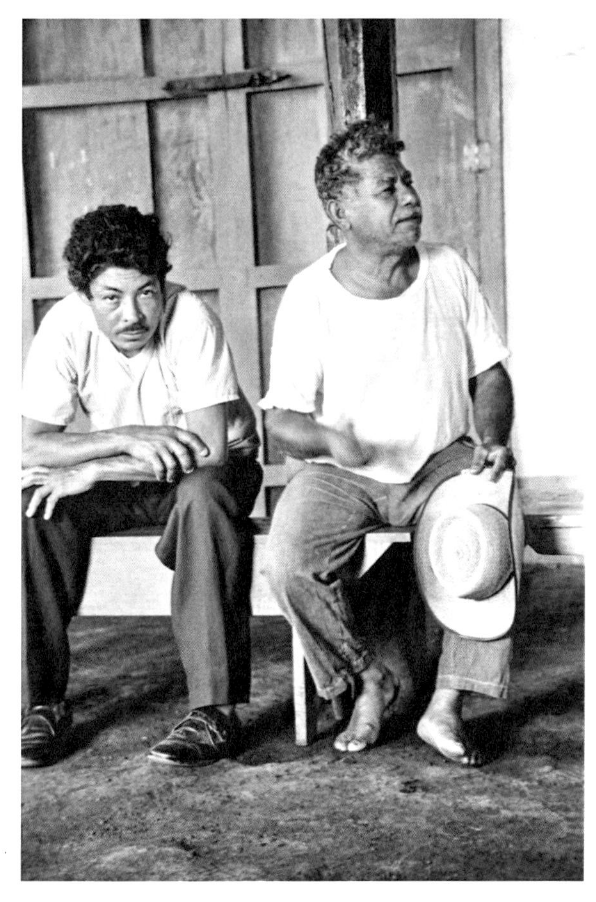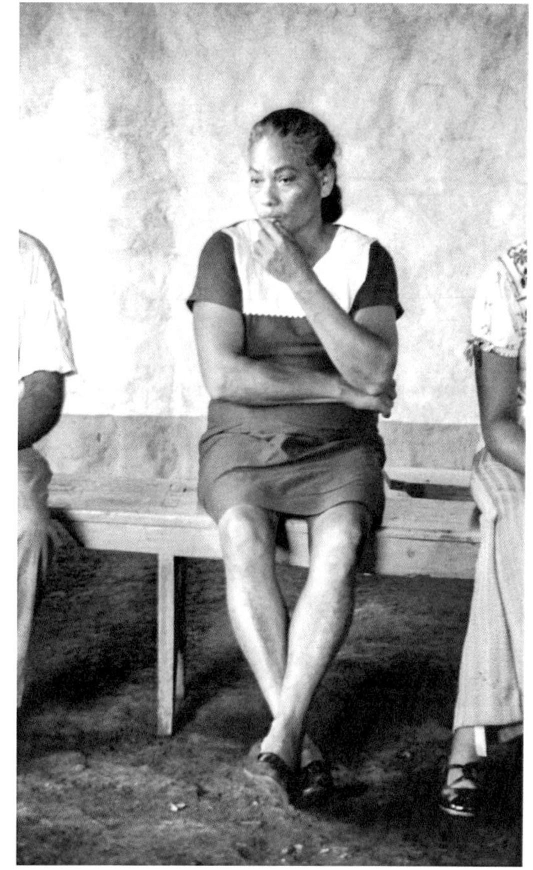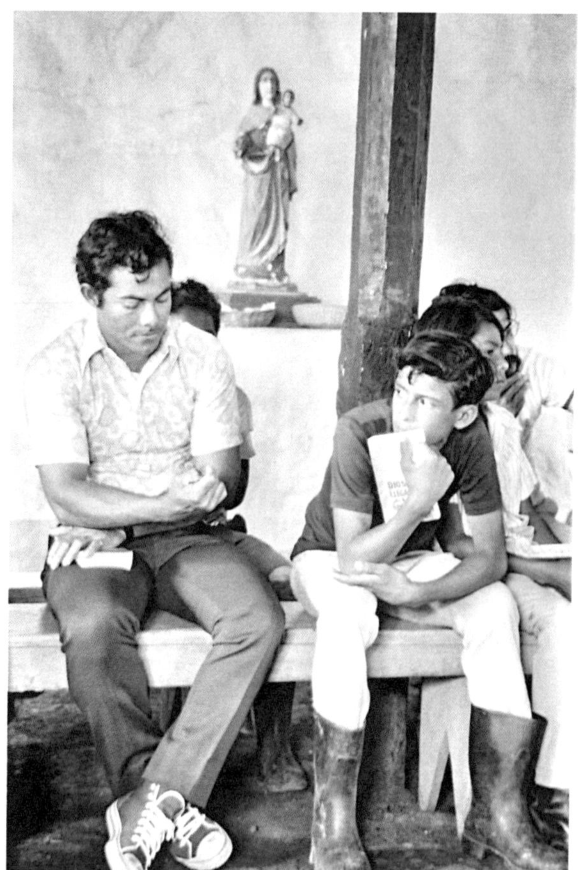

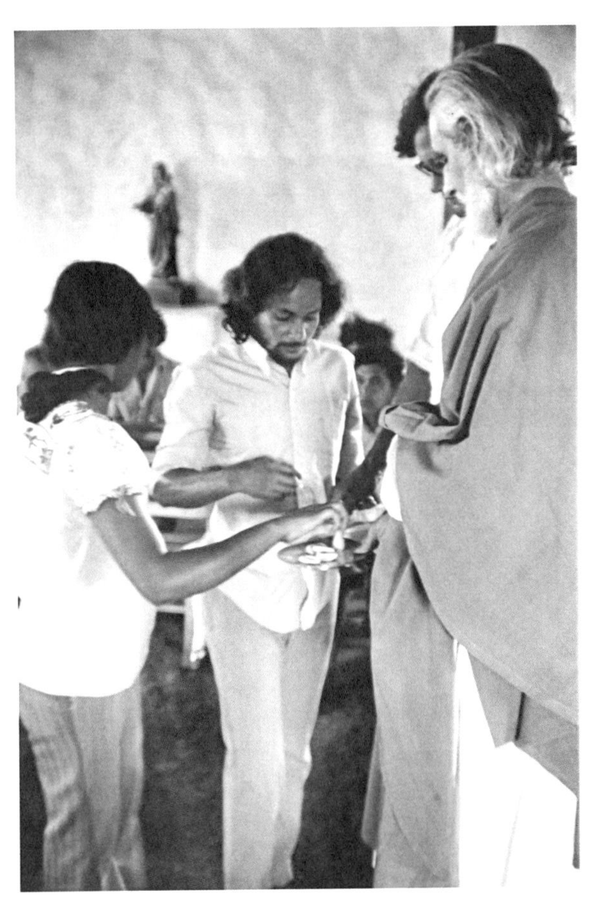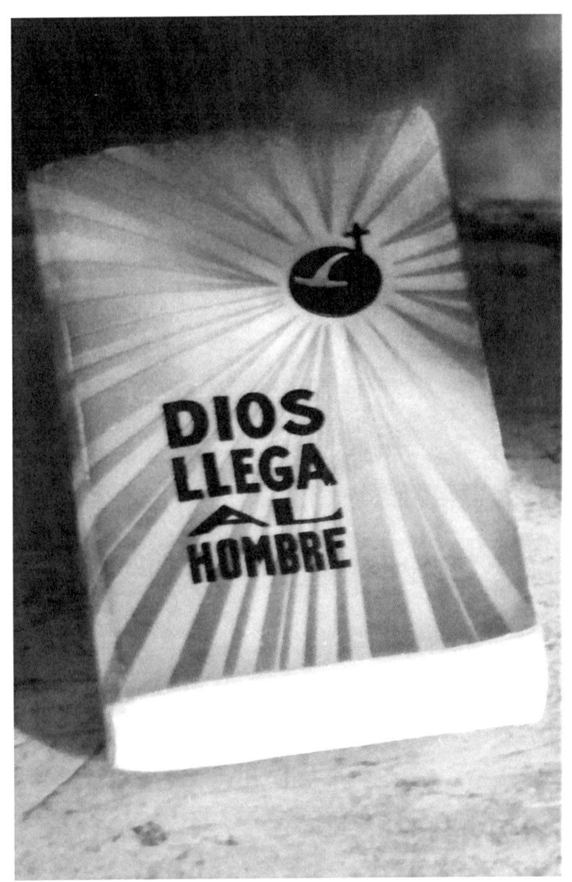
DIOS
LLEGA
AL
HOMBRE
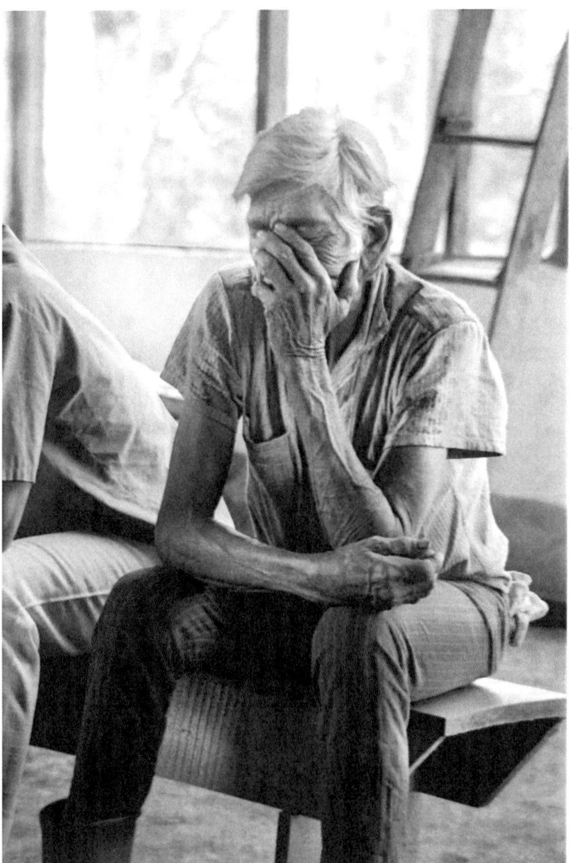

"Vine a Solentiname huyendo de lo que tradicionalmente se llama en el lenguaje cristiano 'el mundo' y que ahora es el capitalismo y la sociedad de consumo", comentaba Cardenal citando su libro *El evangelio en Solentiname*. "Vine a esta isla buscando la soledad, el silencio, la meditación y, en último término, buscando a Dios, quien me llevó a los demás hombres. La contemplación me llevó a la revolución. He dicho otras veces que no fue la lectura de Marx la que me llevó al marxismo sino la lectura del evangelio".

"No debe hacerse diferencia entre lo espiritual y lo temporal o entre evangelio y política", acotaba. "Por lo tanto, tampoco entre contemplación y revolución. Los verdaderos contemplativos de todas las épocas nunca han sido indiferentes a los problemas de su tiempo. Y la contemplación es importante para la revolución. Porque existe también otro aspecto: la revolución interior. Considero que mi misión es predicar desde aquí el marxismo, pero un marxismo con San Juan de la Cruz".

En su libro *Ínsulas extrañas*, el tercero de los cuatro tomos de sus memorias, Cardenal relata que su hermano fue quien le habló del archipiélago de Solentiname: «...unas islas muy bellas habitadas, con buen clima y tierras fecundas». Efectivamente, recorrer las reservas silvestres de este grupo de islotes era encontrarse con la naturaleza en toda su exuberancia y toparse con sus desafíos.

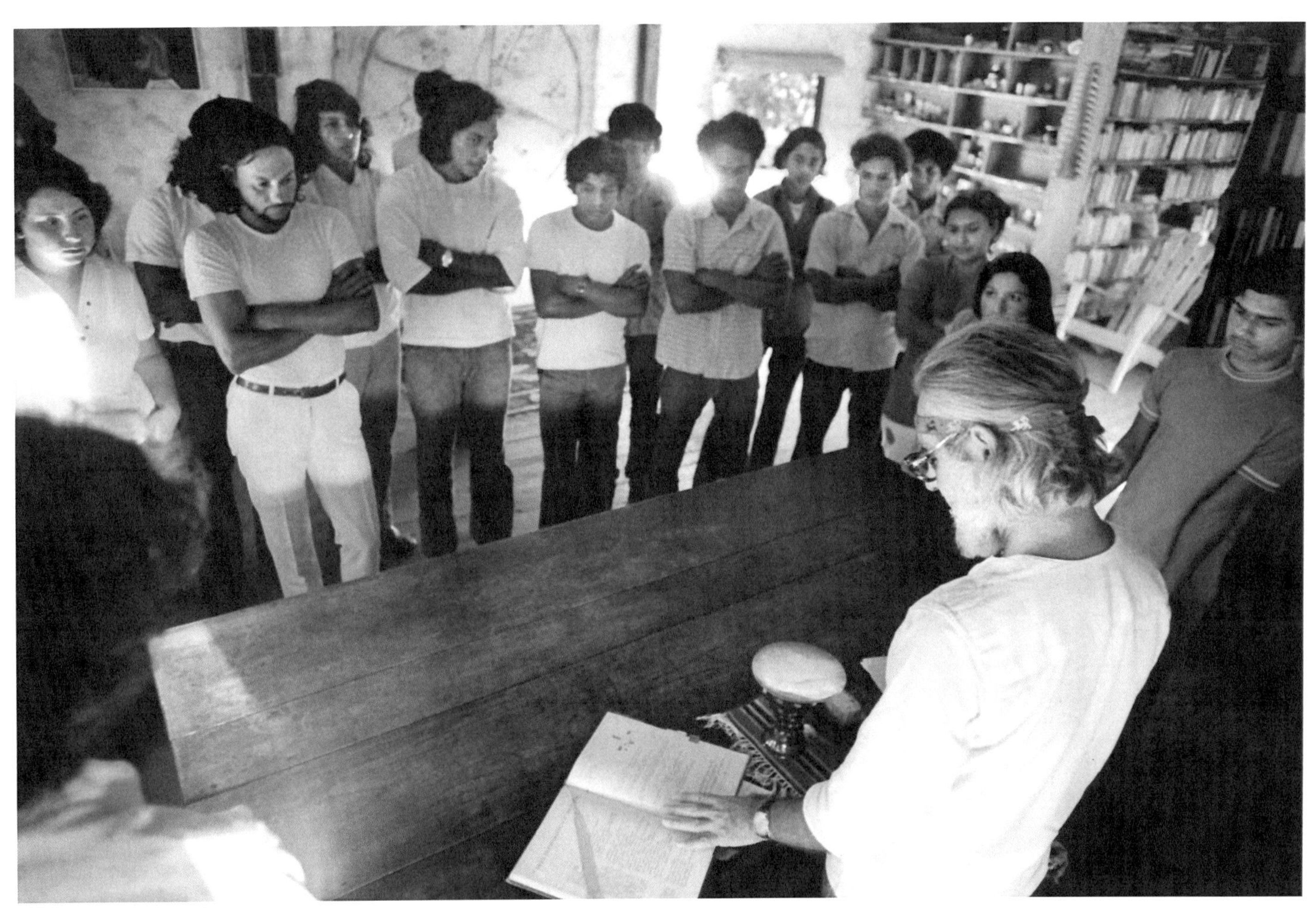

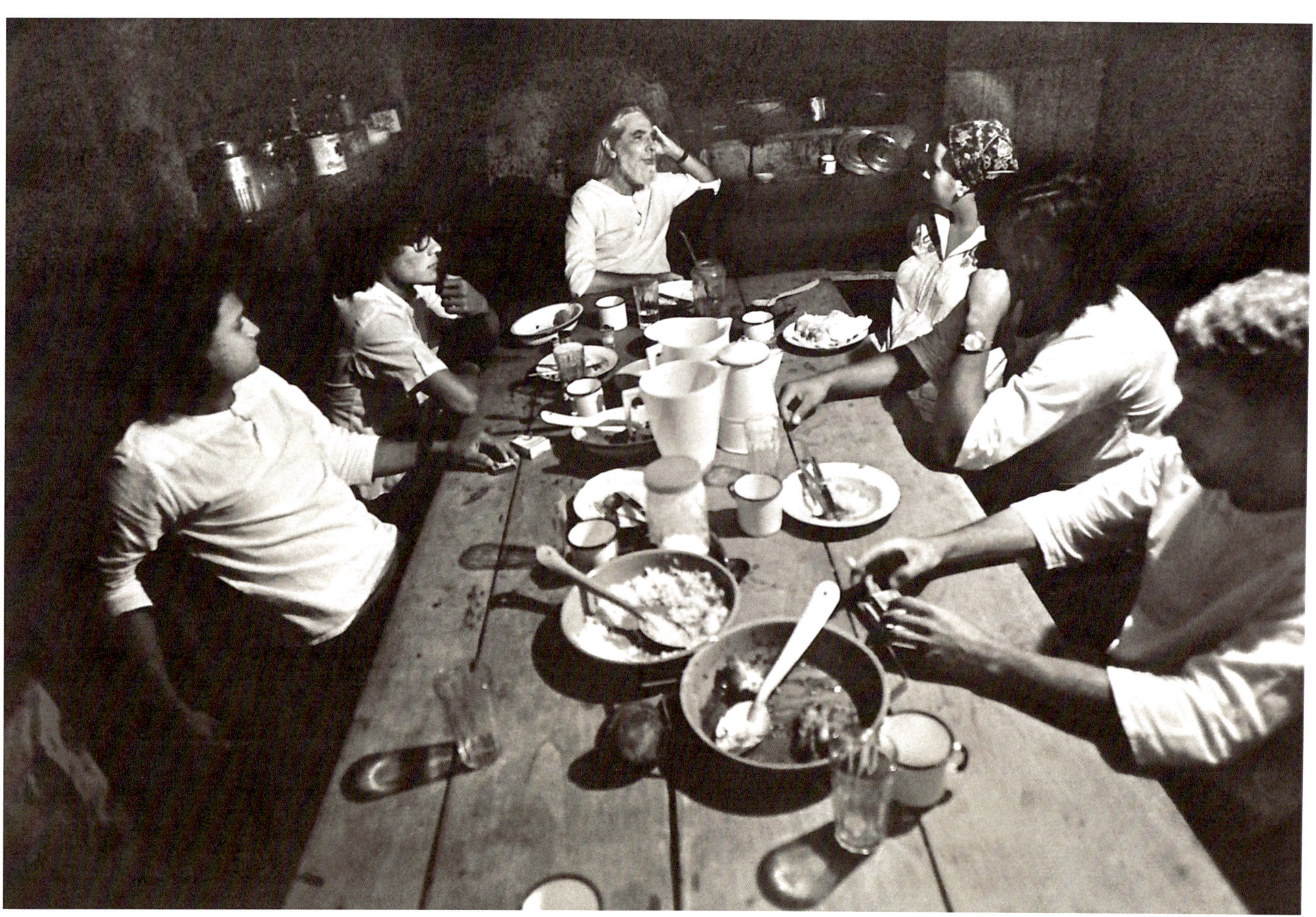

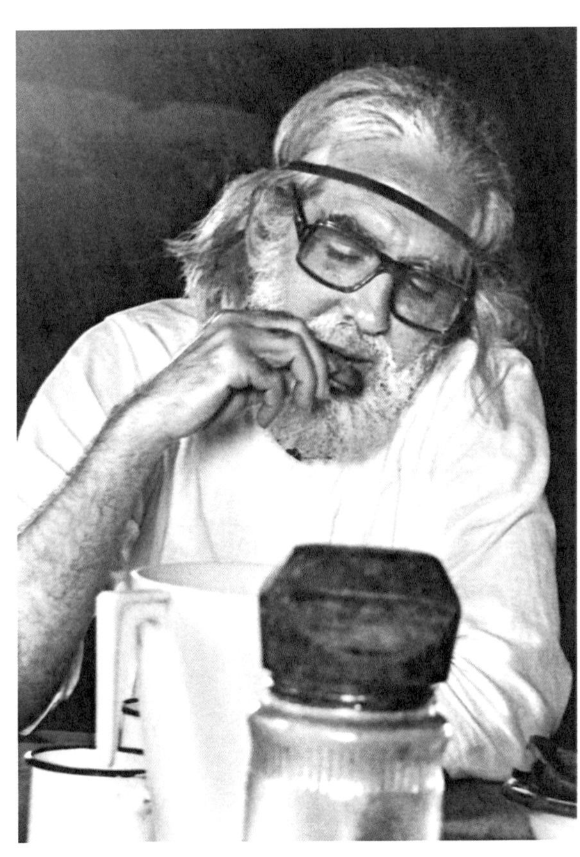
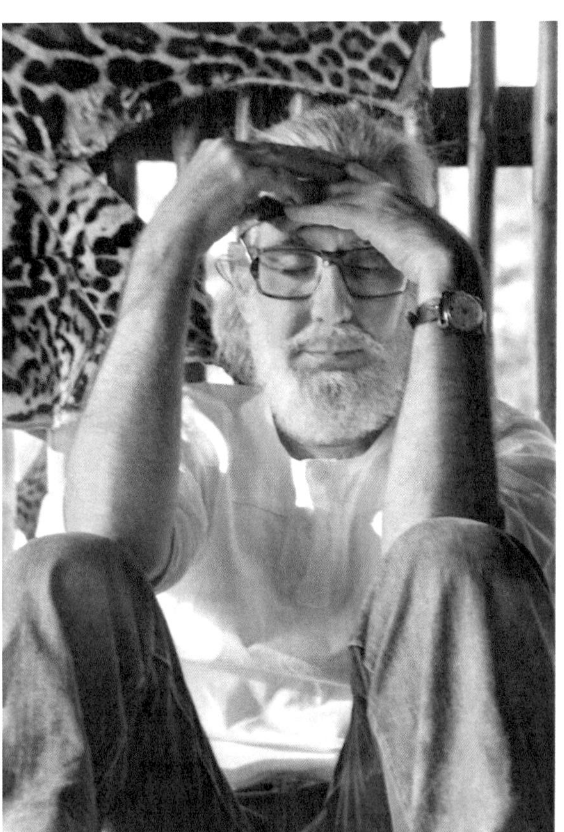
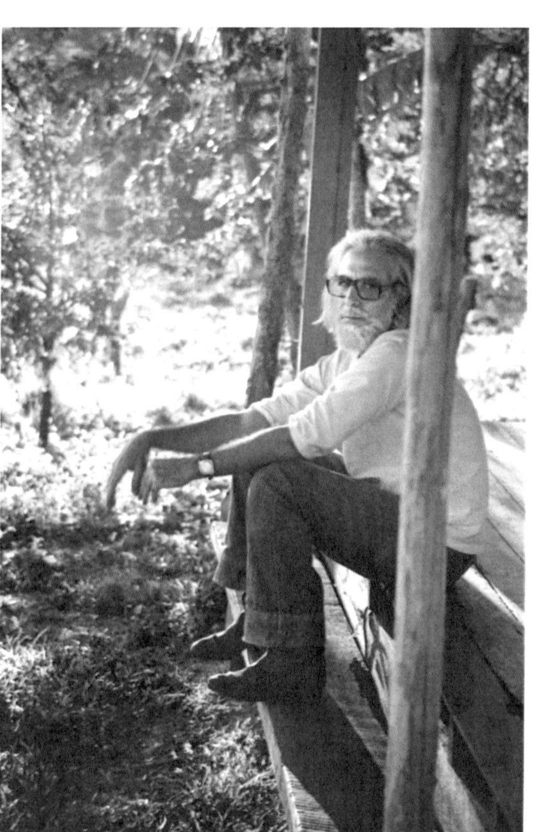

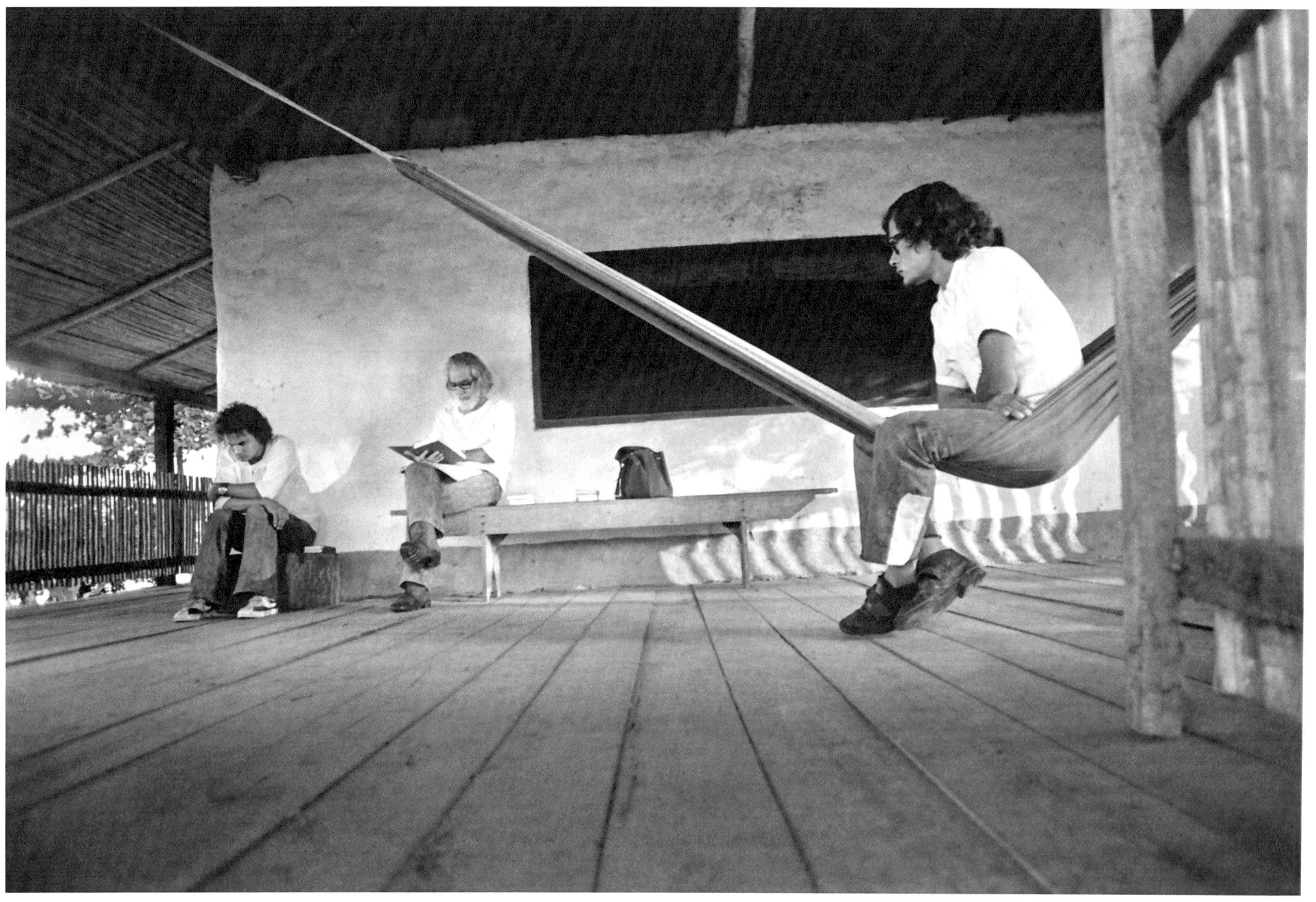

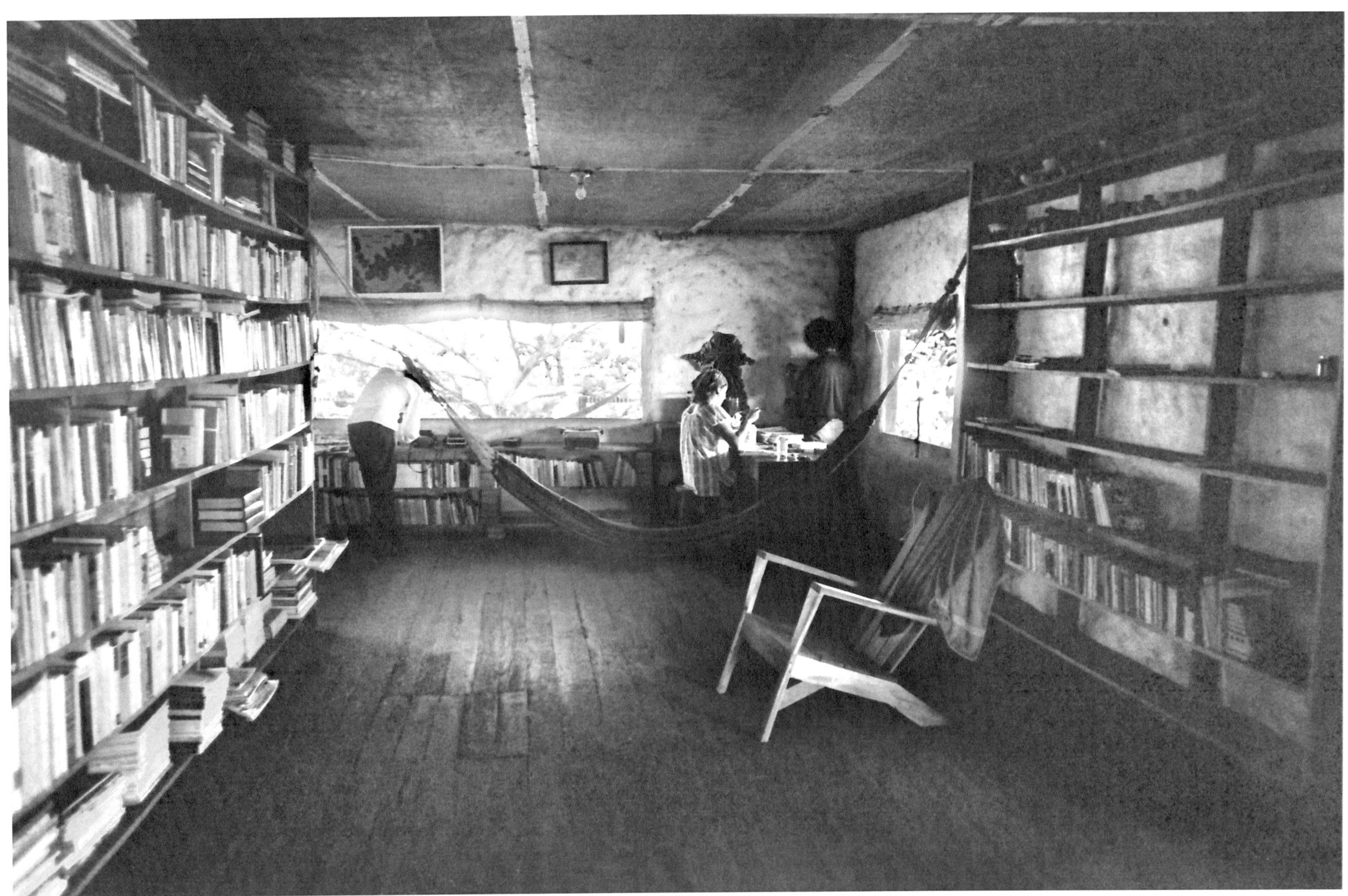

Una tarde estaba viendo un partido de fútbol entre dos equipos de la comunidad y, en el momento de retroceder de espaldas para sentarme, uno de los muchachos me agarró por un brazo y me empujó enérgicamente hacia un lado. "¿Qué pasa?" le dije, molesta. "¡Estaba por sentarse sobre una culebra!", me replicó. De inmediato me volví hacia donde me indicaba y, efectivamente, allí estaba dormitando una enorme boa enroscada, con apariencia de tronco. Desde entonces, cuando estoy en el campo reviso muy bien en donde me voy a sentar. Buena parte de las especies se mimetizan con el ambiente y resulta difícil identificarlas.

Días más tarde, acompañados por varios lugareños, salimos en expedición a una de las islas del archipiélago donde habían identificado un yacimiento precolombino. Estaba muy entusiasmada porque nunca había presenciado una excavación arqueológica. Garzas y grupos de cormoranes revoloteaban a orillas del lago gozosos con el despuntar del día. La travesía en bote y el exuberante camino selvático nos condujo hasta el descampado donde los investigadores tenían varios días documentando y registrando los distintos elementos del enterramiento. En nuestra presencia extrajeron varios objetos de cerámica bastante bien conservados: vasijas con motivos zoomorfos y representaciones religiosas. Según los especialistas, estas piezas eran del período Bagaces (300-800 D.C) coincidente con la llegada de los Nicarao al actual territorio de Nicaragua. Por haber sido asiento de una cultura precolombina, en el archipiélago también pudimos observar varios de los muchos petroglifos con figuras de pájaros y personas que allí se encuentran.

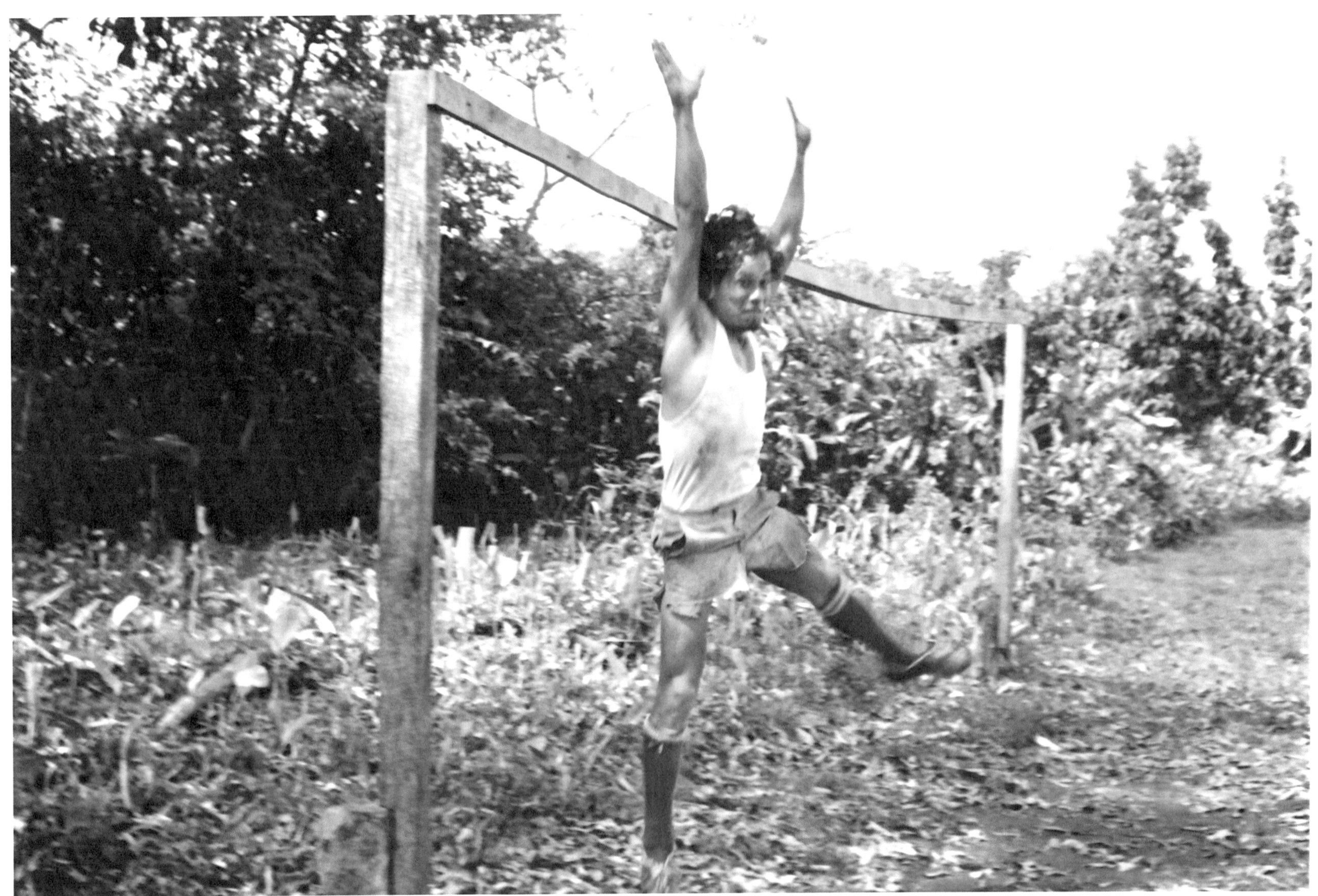

En Solentiname te hacían sentir como en casa. No en vano, la palabra Solentiname proviene del náhuatl "celentinametl", que significa "lugar de muchos huéspedes". Nadie se inmutaba por el constante clic de mi cámara con la que llegué a captar casi mil fotogramas. Afortunadamente, perduran hasta hoy. A pesar de mi juventud, me agradaba el ambiente monástico que allí se respiraba y el contacto con otros modos de vida y de pensamiento disímiles a los que yo frecuentaba.

La comunidad de Solentiname fue un experimento de volver a los inicios, un sueño utópico. Esta perduró durante once años, hasta que en 1977 fue destruida por el ejército de Somoza luego de que varios jóvenes de la comunidad participaron en una acción armada del Frente Sandinista. A partir de ahí la comunidad se disolvió, aunque el legado artístico y cultural permanece hasta hoy en día. Luego de su fallecimiento en marzo del 2020, reposan allí las cenizas de Cardenal.

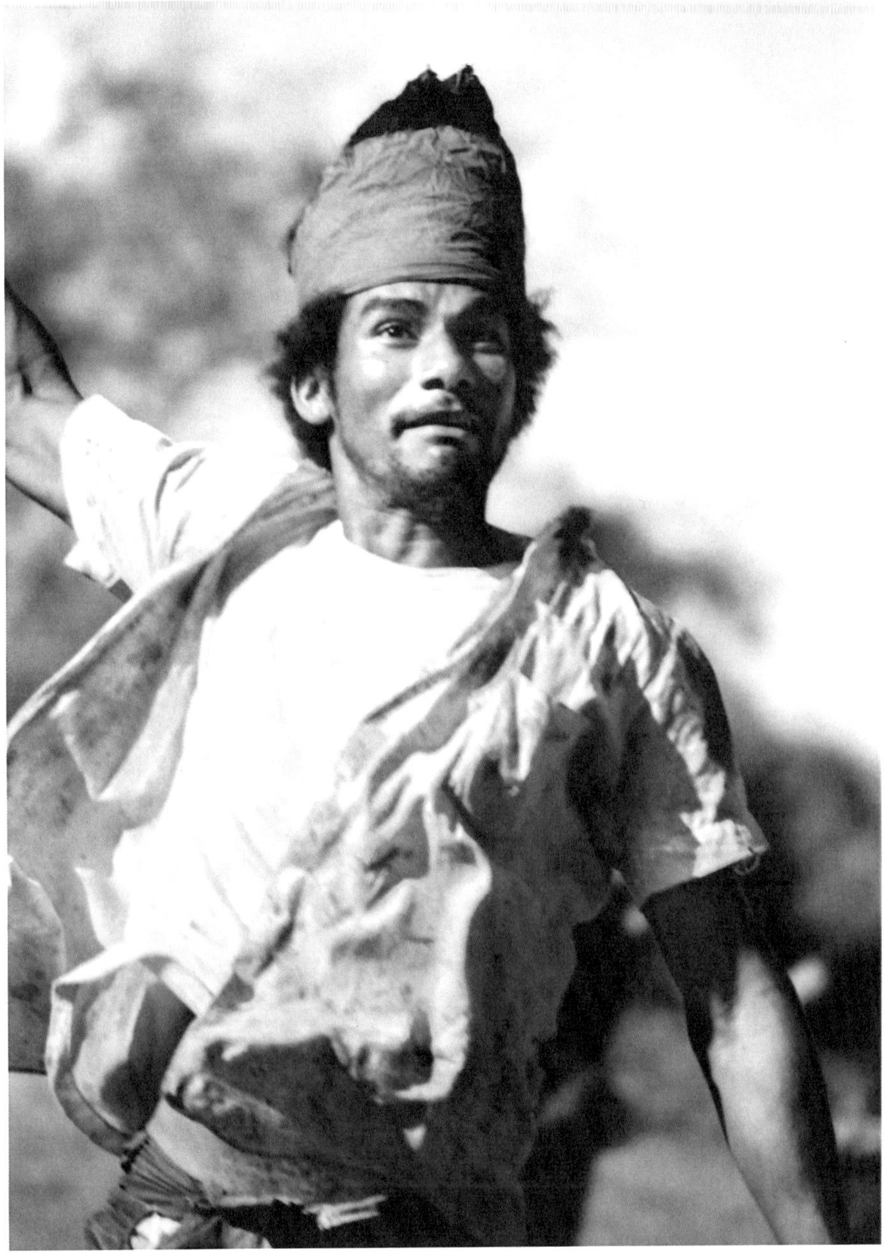

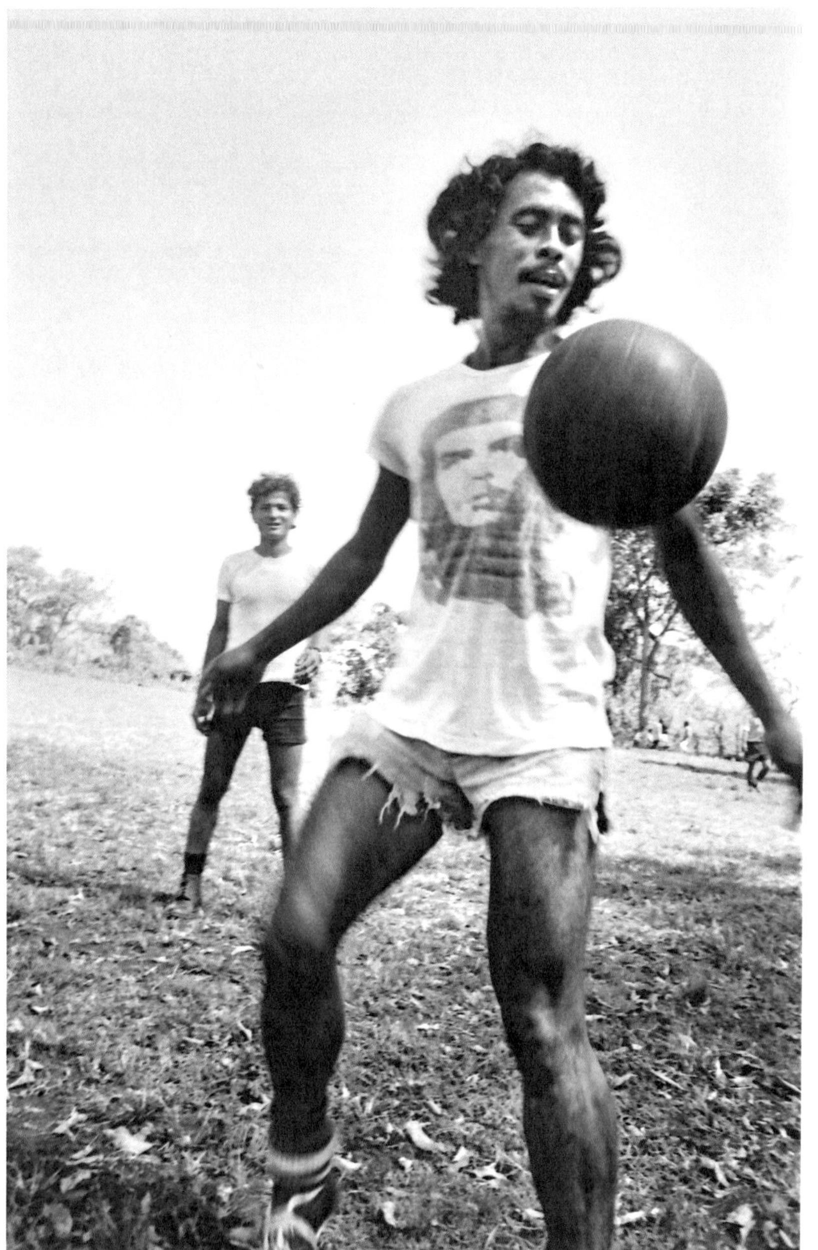

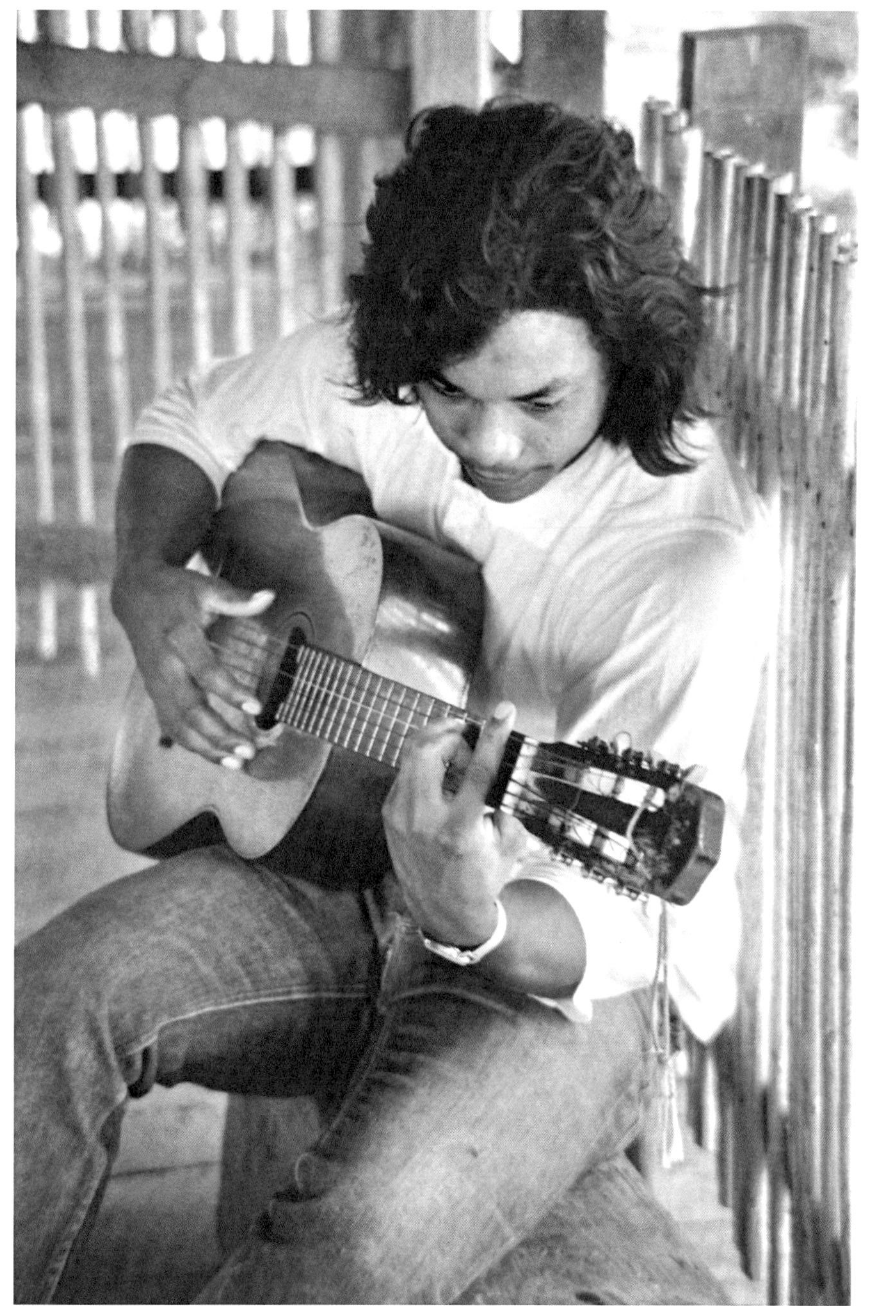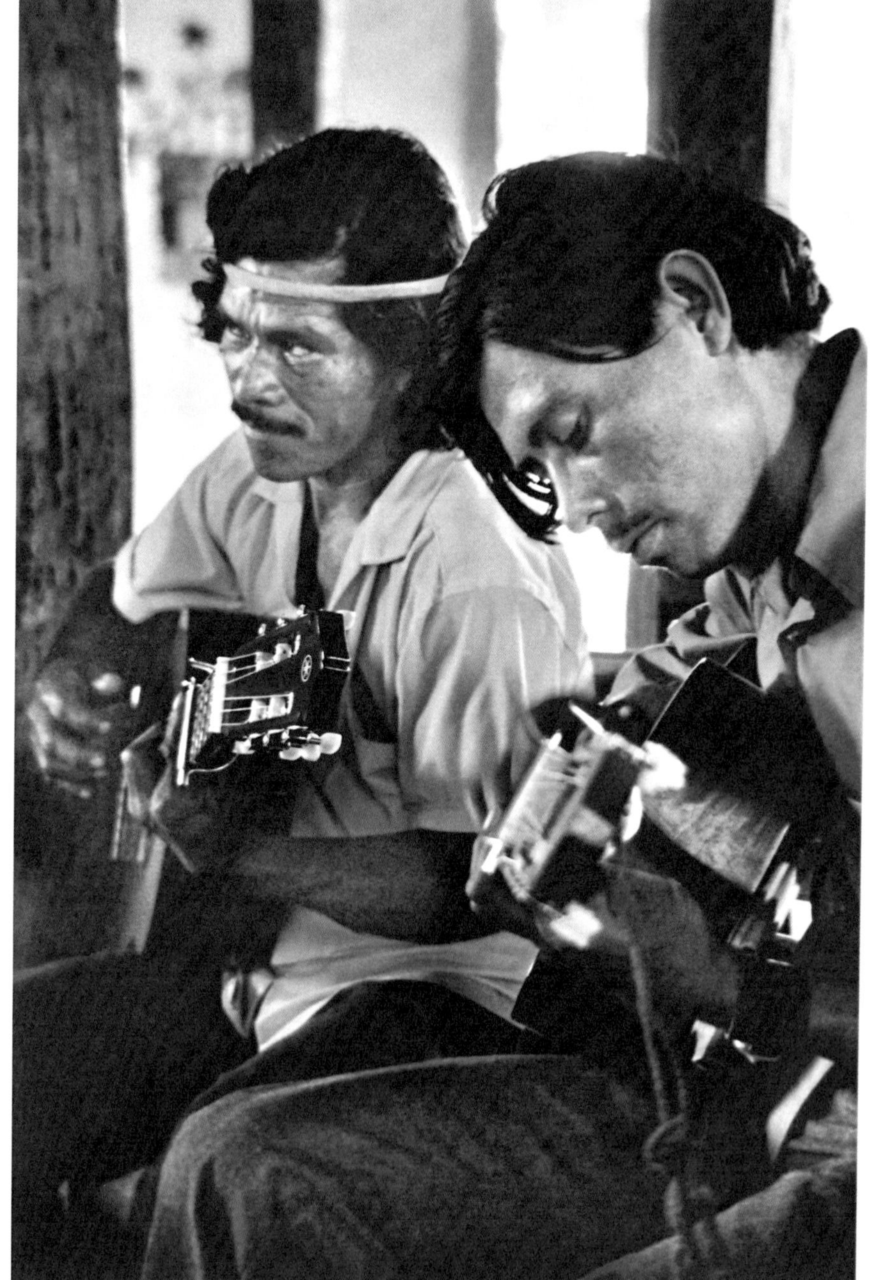

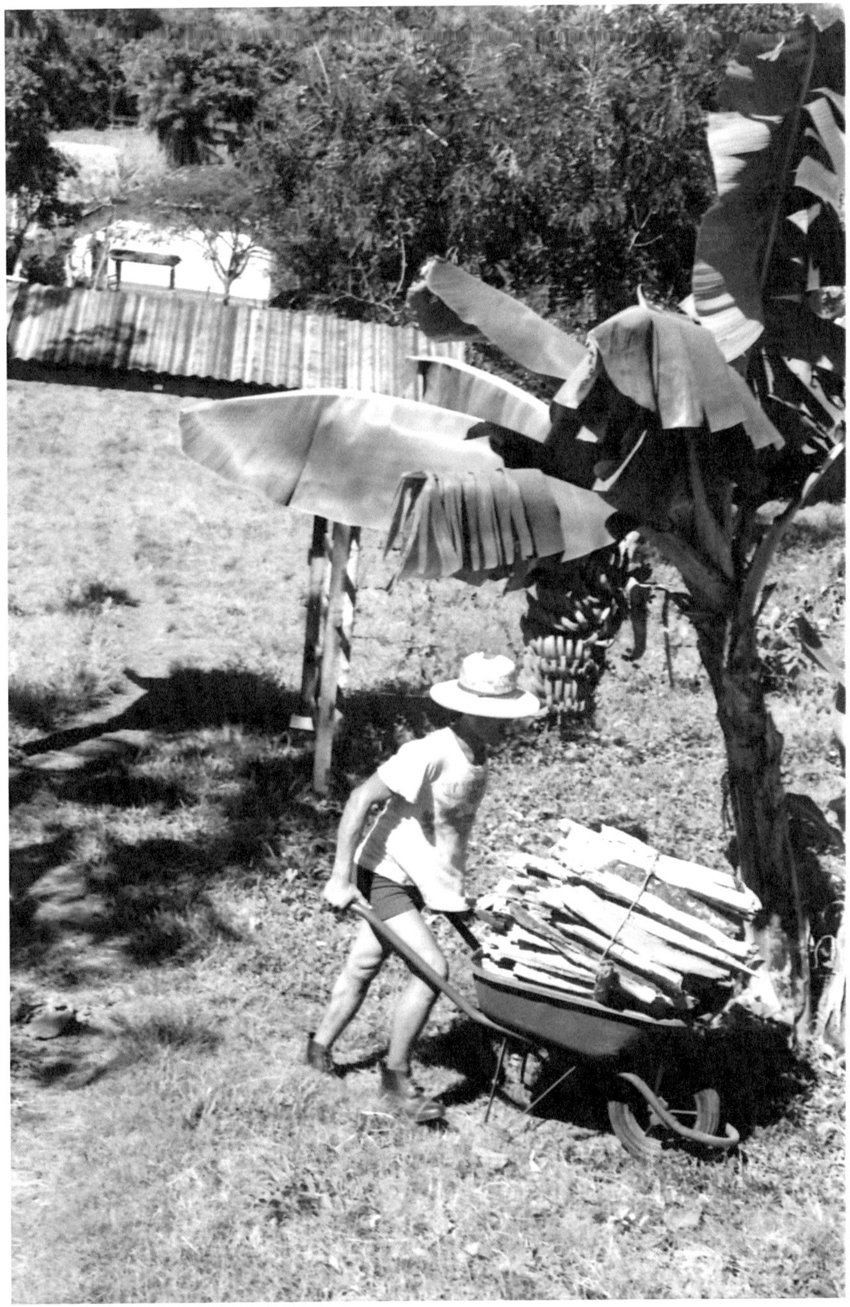

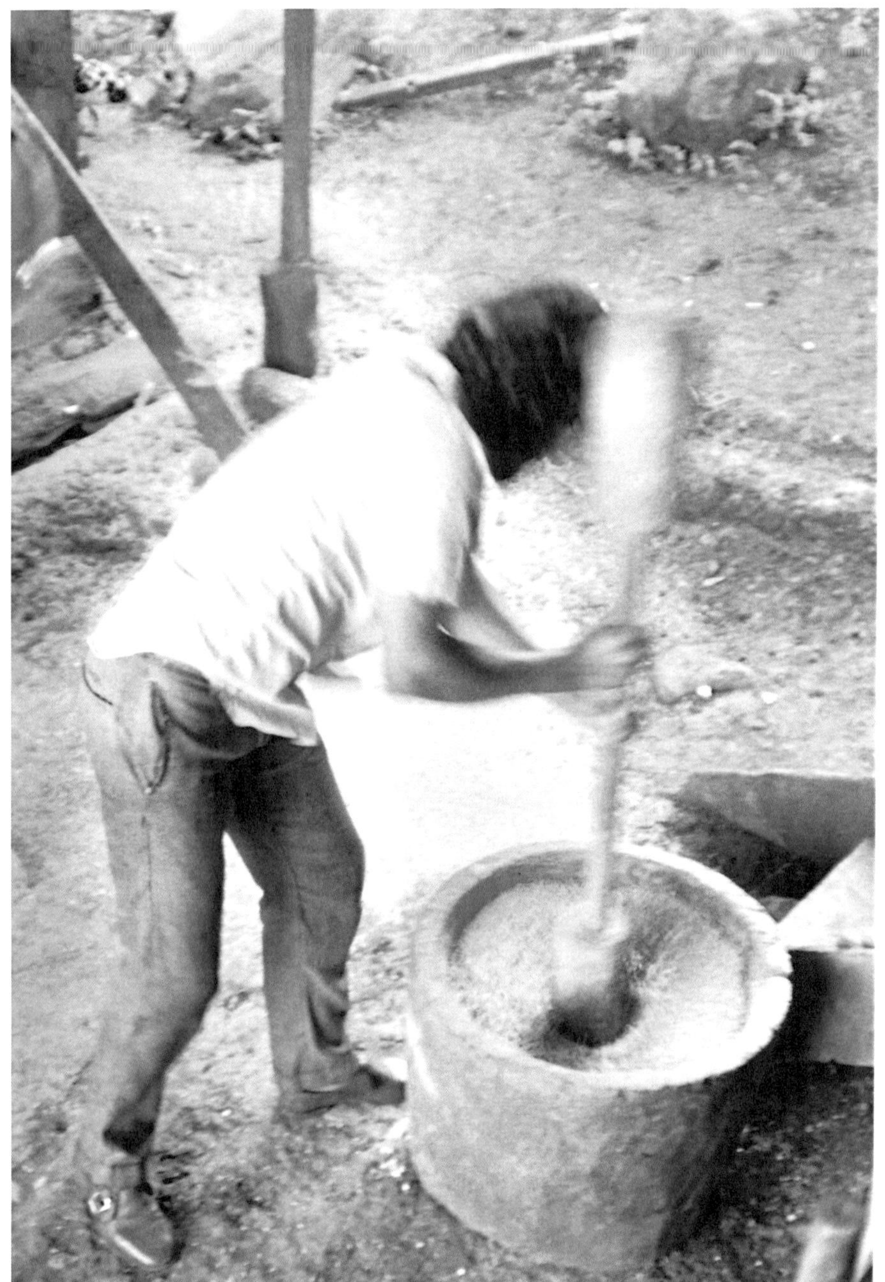

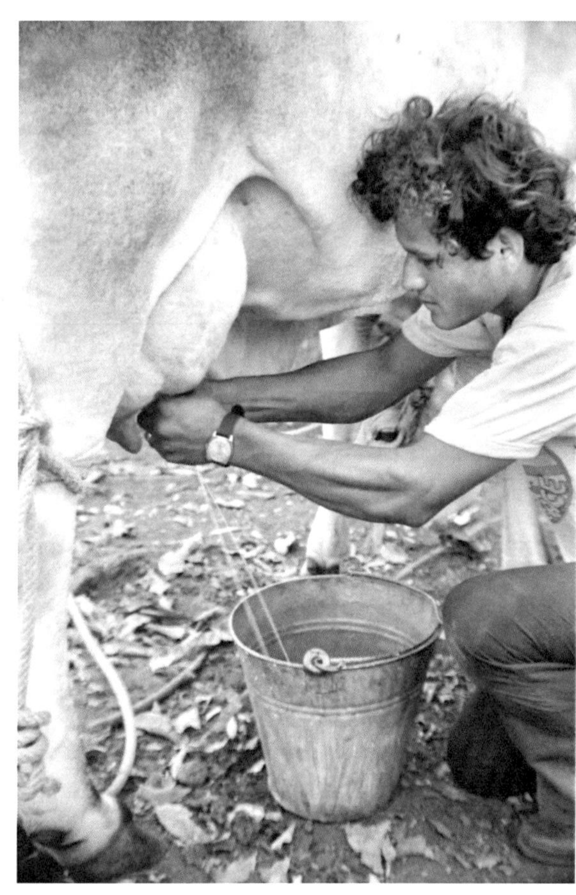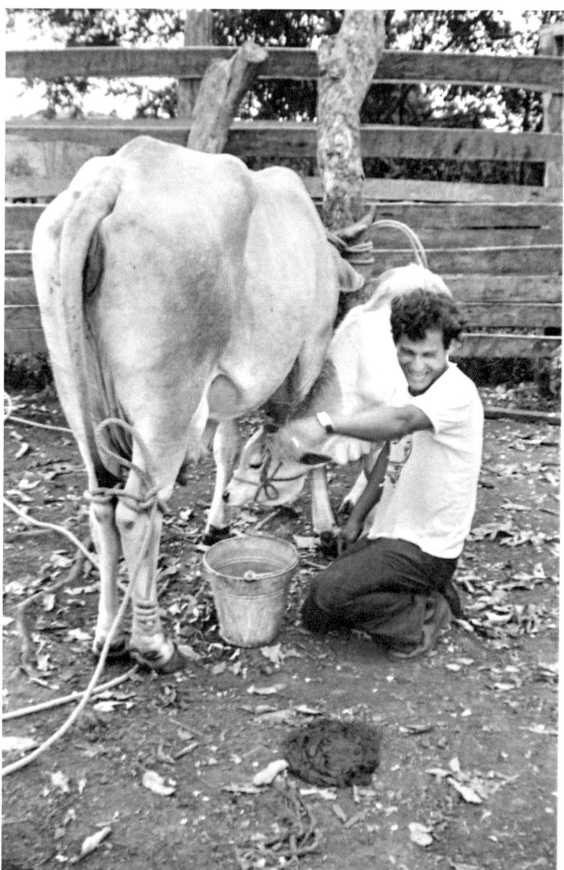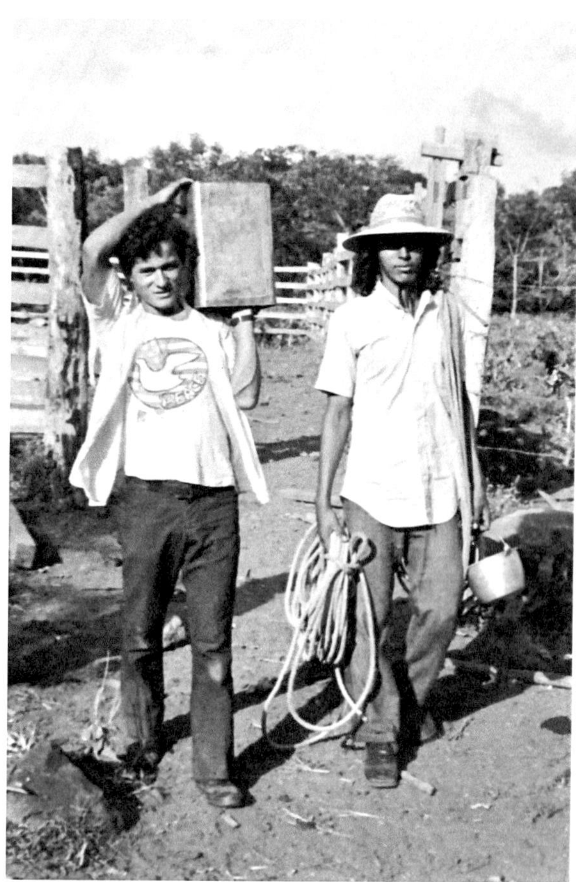

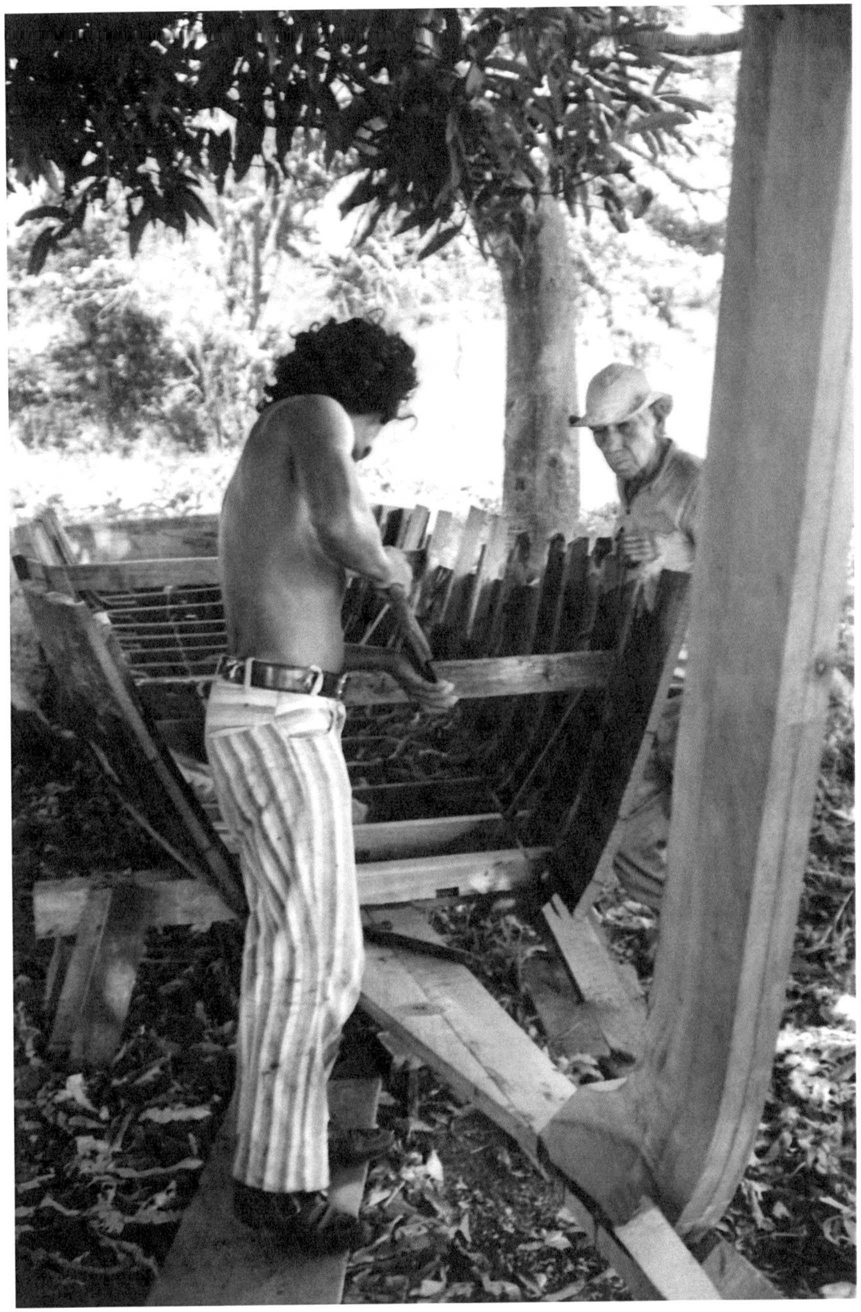

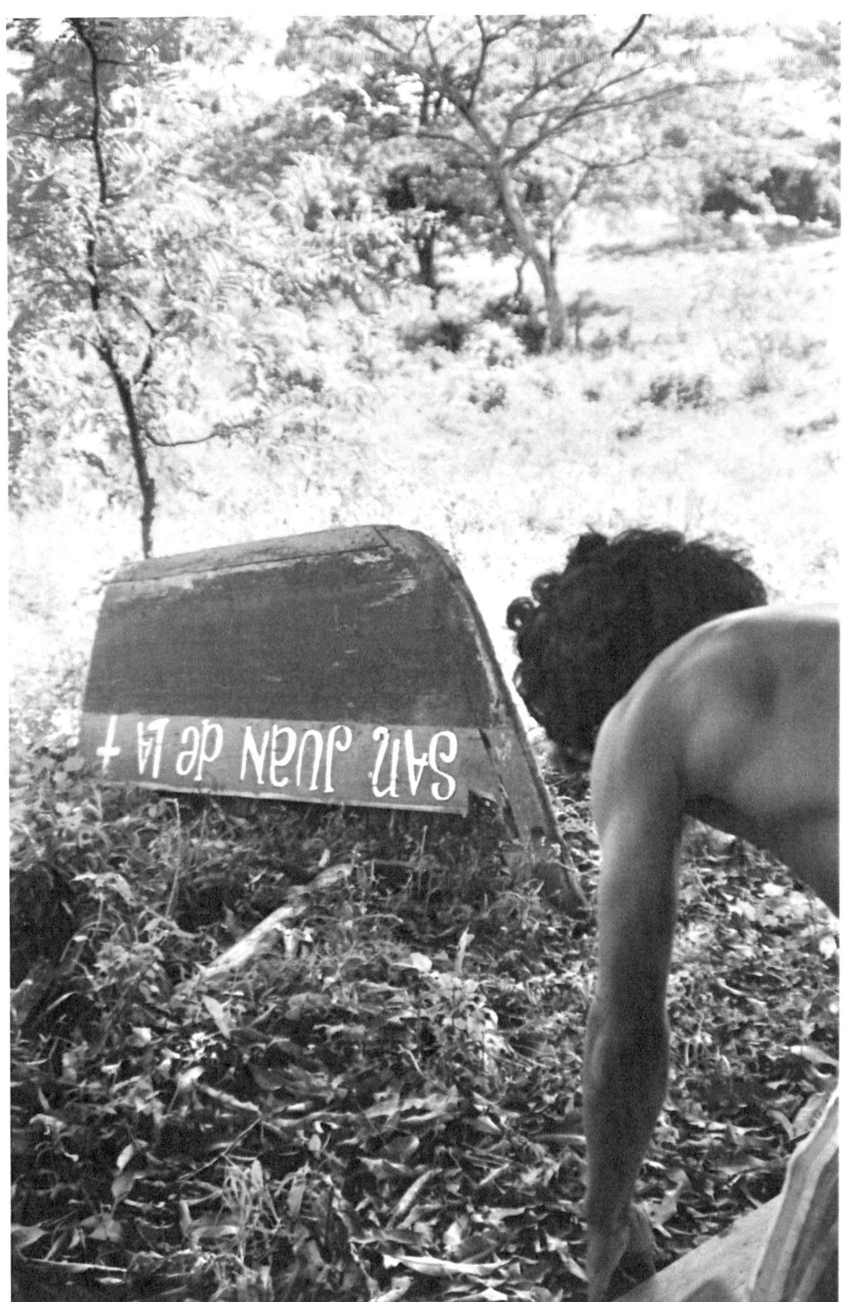
SAN JUAN de LA +

Ernesto Cardenal y la estadía en Solentiname perduran en mis recuerdos ya que allí se escribió una parte importante de la historia que me gustó presenciar, así como captar su huella con mi cámara. Habían transcurrido cuatro semanas desde mi llegada a esas islas remotas y era momento de partir. Me sentía muy satisfecha de haber cumplido mi sueño y llevaba conmigo mi primer reportaje fotográfico, listo para ser publicado. Lo que no sabía era que esto sucedería varias décadas más tarde...

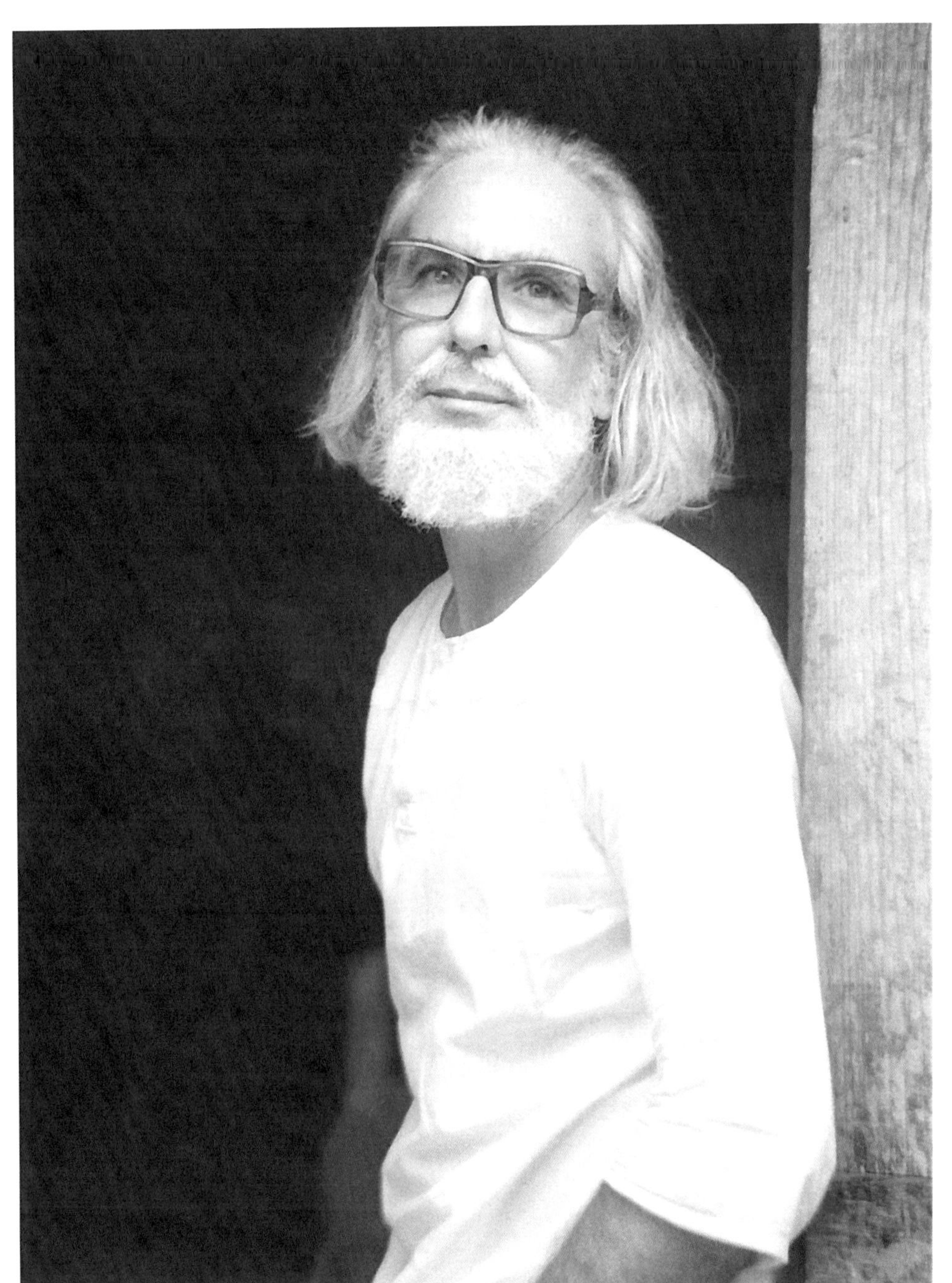

Sobre la autora

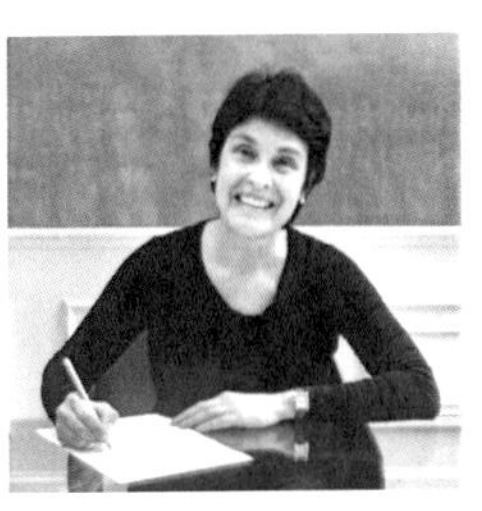

Ana Cristina Henríquez es una reconocida escritora, cineasta y creadora multidisciplinaria venezolana/americana radicada en los Estados Unidos. Luego de obtener un máster en Cine y Televisión en University of Southern California, se ha destacado como asesora de guion bilingüe, autora de documentales y productora de series de televisión para RCTV, National Geographic y la BBC.

También es autora de libros de poesía, entre ellos *Párpados entreabiertos*, el cual obtuvo el premio al Mejor Libro de Poesía (Mención Honorífica) en los ILBA 2022. En la misma edición del certamen, su obra *Solentiname: encuentro con un mito* fue premiada como Mejor Libro de Arte (Medalla de Bronce).

Su más reciente obra: *La luna, Julia y el telescopio*, obtuvo el premio al Mejor Libro Infantil de Ficción Ilustrado (Mención Honorífica) en los ILBA 2023. En éste, su primer libro de literatura infantil, la autora nos brinda una mirada enternecedora del fascinante mundo de la pequeña Julia. Sus publicaciones se han destacado en varias ocasiones en las listas de los más vendidos de Amazon y se comercializan en más de 20 países.

www.ingramcontent.com/pod-product-compliance
Lightning Source LLC
Chambersburg PA
CBRC101058120726
48010CB00014B/365